Dietrich Bonhoeffer, Von guten Mächten

Dietrich Bonhoeffer

Von guten Mächten

Gebete und Gedichte

Interpretiert von
Johann Christoph Hampe

Chr. Kaiser

CIP-Titelaufnahme der Deutschen Bibliothek

Bonhoeffer, Dietrich:
Von guten Mächten: Gebete u. Gedichte / Dietrich
Bonhoeffer. Interpretiert von Johann Christoph
Hampe. – 8. Aufl. – München: Kaiser, 1991.
(Kaiser-Taschenbücher; 17)
Bis 5. Aufl. als Kaiser-Traktate; 20
ISBN 3-459-01694-9
NE: Hampe, Johann Christoph [Bearb.]; GT

Umschlag von Ingeborg Geith, München.
ISSN 0931-7732
Satz: Wagner GmbH, Nördlingen.
Druck und Bindung: Clausen & Bosse, Leck.
Printed in Germany

INHALT

Morgengebet

Gott, zu dir rufe ich am frühen Morgen
hilf mir beten und meine Gedanken sammeln;
ich kann es nicht allein

In mir ist es finster, aber bei dir ist Licht
ich bin einsam, aber du verläßt mich nicht
ich bin kleinmütig, aber bei dir ist die Hilfe
ich bin unruhig, aber bei dir ist Frieden
in mir ist Bitterkeit, aber bei dir ist die Geduld
ich verstehe deine Wege nicht, aber du weißt den rechten Weg
für mich.

Vater im Himmel,
Lob und Dank sei dir für die Ruhe der Nacht
Lob und Dank sei dir für den neuen Tag,
Lob und Dank sei dir für alle deine Güte und Treue
in meinem vergangenen Leben.
Du hast mir viel Gutes erwiesen,
laß mich nun auch das Schwere aus deiner Hand hinnehmen.
Du wirst mir nicht mehr auferlegen, als ich tragen kann.
Du läßt deinen Kindern alle Dinge zum besten dienen.

Herr Jesus Christus,
du warst arm und elend, gefangen und verlassen wie ich.
Du kennst alle Not der Menschen,
du bleibst bei mir, wenn kein Mensch mir beisteht
du vergißt mich nicht und suchst mich,
du willst, daß ich dich erkenne und mich zu dir kehre
Herr, ich höre deinen Ruf und folge.
Hilf mir!

Heiliger Geist,
gib mir den Glauben,
der mich vor Verzweiflung und Laster rettet

Gib mir die Liebe zu Gott und den Menschen,
die allen Haß und alle Bitterkeit vertilgt,
gib mir die Hoffnung,
die mich befreit von Furcht und Verzagtheit.
Lehre mich Jesus Christus erkennen und seinen Willen tun.

Dreieiniger Gott,
mein Schöpfer und mein Heiland,
dir gehört dieser Tag. Meine Zeit steht in deinen Händen.
Heiliger, barmherziger Gott,
mein Schöpfer und mein Heiland
mein Richter und mein Erretter
du kennst mich und alle meine Wege und Tun.
Du haßt und strafst das Böse in dieser und in jener Welt
ohne Ansehen der Person,
du vergibst Sünden,
dem der dich aufrichtig darum bittet
und du liebst das Gute und lohnst es
auf dieser Erde mit getrostem Gewissen
und in der künftigen Welt mit der Krone der Gerechtigkeit.
Vor dir denke ich an all die Meinen,
an die Mitgefangenen und an alle
die in diesem Haus ihren schweren Dienst tun.
Herr erbarme dich
Schenk mir die Freiheit wieder
und laß mich derzeit so leben,
wie ich es vor [dir] und vor den Menschen verantworten kann.
Herr, was dieser Tag auch bringt – dein Name sei gelobt!

Abendgebet

Herr mein Gott,
ich danke dir, daß du diesen Tag zu Ende gebracht hast.
ich danke dir, daß du Leib und Seele zur Ruhe kommen läßt
Deine Hand war über mir und hat mich behütet und bewahrt.
Vergib allen Kleinglauben und alles Unrecht dieses Tages
und hilf daß ich gern denen vergebe,
die mir unrecht getan haben.
Laß mich in Frieden unter deinem Schutze schlafen
und bewahre mich vor den Anfechtungen der Finsternis.
Ich befehle dir die Meinen,
ich befehle dir dieses Haus,
ich befehle dir meinen Leib und meine Seele
Gott, dein heiliger Name sei gelobt.
Amen.

»Ein Tag, der sagt's dem andern,
mein Leben sei ein Wandern
zur großen Ewigkeit.
O Ewigkeit, so schöne,
mein Herz an dich gewöhne,
mein Heim ist nicht in dieser Zeit.«

Gerhard Teerstegen

Gebet in besonderer Not

Herr Gott,
großes Elend ist über mich gekommen.
Meine Sorgen wollen mich ersticken
ich weiß nicht ein noch aus.
Gott, sei gnädig und hilf
Gib Kraft zu tragen, was du schickst.
laß die Furcht nicht über mich herrschen.
sorge du väterlich für die Meinen,
besonders für Frau und Kinder,
schütze sie mit deiner starken Hand
vor allem Übel und vor aller Gefahr.
Barmherziger Gott,
vergib mir alles, was [ich] an dir
und an Menschen gesündigt habe.
Ich traue deiner Gnade
und gebe mein Leben ganz in deine Hand
Mach du mit mir,
wie es dir gefällt und wie es gut für mich ist.
Ob ich lebe oder sterbe,
ich bin bei dir und du bist bei mir, mein Gott.
Herr ich warte auf dein Heil und auf dein Reich.
Amen.

»Unverzagt und ohne Grauen
soll ein Christ,
wo er ist,
stets sich lassen schauen.
Wollt ihn auch der Tod aufreiben,
soll der Mut
dennoch gut
und fein stille bleiben.
Kann uns doch kein Tod nicht töten,
sondern reißt
unsern Geist
aus viel tausend Nöten,
schleußt das Tor der bittern Leiden
und macht Bahn,
da man kann
gehn zu Himmelsfreuden.« Paul Gerhardt

VERGANGENHEIT

Du gingst, geliebtes Glück und schwer geliebter Schmerz.
Wie nenn' ich dich? Not, Leben, Seligkeit,
Teil meiner selbst, mein Herz, – Vergangenheit?
Es fiel die Tür ins Schloß,
ich höre deine Schritte langsam sich entfernen und verhallen.
Was bleibt mir? Freude, Qual, Verlangen?
Ich weiß nur dies: du gingst – und alles ist vergangen.

Spürst du, wie ich jetzt nach dir greife,
wie ich mich an dir festkralle,
daß es dir wehtun muß?
Wie ich dir Wunden reiße,
daß dein Blut herausquillt,
nur um deiner Nähe gewiß zu bleiben,
du leibliches, irdisches, volles Leben?
Ahnst du, daß ich jetzt ein schreckliches Verlangen habe
nach eigenen Schmerzen?
daß ich mein eigenes Blut zu sehen begehre,
nur damit nicht alles versinke
im Vergangenen?

Leben, was hast du mir angetan?
Warum kamst du? Warum vergingst du?
Vergangenheit, wenn du mich fliehst, –
bleibst du nicht meine Vergangenheit, meine?

Wie die Sonne über dem Meer immer rascher sich senkt,
als zöge es sie in die Finsternis,
so sinkt und sinkt und sinkt
ohne Aufhalten
dein Bild ins Meer des Vergangenen,
und ein paar Wellen begraben es.

Wie der Hauch des warmen Atems
sich in kühler Morgenluft auflöst,
so zerrinnt mir dein Bild

daß ich dein Angesicht, deine Hände, deine Gestalt
nicht mehr weiß.
Ein Lächeln, ein Blick, ein Gruß erscheint mir,
doch es zerfällt,
löst sich auf,
ist ohne Trost, ohne Nähe,
ist zerstört,
ist nur noch vergangen.

Ich möchte den Duft deines Wesens einatmen,
ihn einsaugen, in ihm bleiben,
wie an einem heißen Sommertag schwere Blüten
die Bienen zu Gast laden
und sie berauschen;
wie die Nachtschwärmer vom Liguster trunken werden; –
aber ein rauher Windstoß zerstört Duft und Blüten,
und ich stehe wie ein Narr
vor dem Entschwundenen, Vergangenen.

Mir ist, als würden mir mit feurigen Zangen
Stücke aus meinem Fleisch gerissen,
wenn du, mein vergangenes Leben, davoneilst.
Rasender Trotz und Zorn befällt mich,
wilde, unnütze Fragen schleudre ich ins Leere.
Warum? Warum? Warum? sage ich immer.
Wenn meine Sinne dich nicht halten können,
vergehendes, vergangenes Leben,
so will ich denken und wieder denken,
bis ich es finde, was ich verlor.
Aber ich spüre,
wie alles, was über mir, neben mir, unter mir ist,
rätselhaft und ungerührt über mich lächelt,
über mein hoffnungslosestes Müh'n,
Wind zu haschen,
Vergangenes zurückzugewinnen.

Auge und Seele wird böse.
Ich hasse, was ich sehe,
ich hasse, was mich bewegt,
ich hasse alles Lebendige und Schöne,

was mir Entgelt des Verlorenen sein will.
Mein Leben will ich, mein eigenes Leben fordr' ich zurück,
meine Vergangenheit,
Dich.

Dich – eine Träne schießt mir ins Auge,
vielleicht, daß ich unter Schleiern der Tränen
dein ganzes Bild
dich ganz
wiedergewinne?
Aber ich will nicht weinen.
Tränen helfen nur Starken,
Schwache machen sie krank.

Müde erreich ich den Abend,
willkommen ist mir das Lager,
das mir Vergessen verheißt,
wenn mir Besitzen versagt ist.
Nacht, lösche aus, was brennt, schenk mir volles Vergessen,
sei mir wohltätig, Nacht, übe dein mildes Amt,
dir vertrau ich mich an.
Aber die Nacht ist weise und mächtig,
weiser als ich und mächtiger als der Tag.
Was keine irdische Kraft vermag,
woran Gedanken und Sinne, Trotz und Tränen verzagen müssen,
das schüttet die Nacht aus reicher Fülle über mich aus.
Unversehrt von feindseliger Zeit,
rein, frei und ganz,
bringt dich der
Traum zu mir,
dich, Vergangenes, dich, mein Leben,
dich, den gestrigen Tag, die gestrige Stunde.
Über deiner Nähe erwache ich mitten in tiefer Nacht
und erschrecke –
bist du mir wieder verloren? such' ich dich ewig vergeblich,
dich, meine Vergangenheit?
Ich strecke die Hände aus
und bete – –
und ich erfahre das Neue:
Vergangenes kehrt dir zurück

als deines Lebens lebendigstes Stück
durch Dank und durch Reue.
Faß' im Vergangenen Gottes Vergebung und Güte,
bete, daß Gott dich heut' und morgen behüte.

Geschrieben nach einer Sprecherlaubnis der Verlobten (Juni 1944).

GLÜCK UND UNGLÜCK

Glück und Unglück,
die rasch uns und überwältigend treffen,
sind sich im Anfang,
wie Hitze und Frost bei jäher Berührung,
kaum unterscheidbar nah.
Wie Meteore
aus überirdischer Ferne geschleudert,
ziehen sie leuchtend und drohend die Bahn
über unseren Häuptern.
Heimgesuchte stehen betroffen
vor den Trümmern
ihres alltäglichen, glanzlosen Daseins.

Groß und erhaben,
zerstörend, bezwingend,
hält Glück und Unglück,
erbeten und unerbeten,
festlichen Einzug
bei den erschütterten Menschen,
schmückt und umkleidet
die Heimgesuchten
mit Ernst und mit Weihe.

Glück ist voll Schauer,
Unglück voll Süße.
Ungeschieden scheint aus dem Ewigen
eins und das andre zu kommen.
Groß und schrecklich ist beides.
Menschen, ferne und nahe,
laufen herbei und schauen
und gaffen
halb neidisch, halb schaudernd,
ins Ungeheure,
wo das Überirdische,
segnend zugleich und vernichtend,
zum verwirrenden, unentwirrbaren,

irdischen Schauspiel sich stellt.
Was ist Glück? Was Unglück?

Erst die Zeit teilt beide.
Wenn das unfaßbar erregende,
jähe Ereignis
sich zu ermüdend quälender Dauer wandelt,
wenn die langsam schleichende Stunde des Tages
erst des Unglücks wahre Gestalt uns enthüllt,
dann wenden die Meisten,
überdrüssig der Eintönigkeit
des altgewordenen Unglücks,
enttäuscht und gelangweilt sich ab.

Das ist die Stunde der Treue,
die Stunde der Mutter und der Geliebten,
die Stunde des Freundes und Bruders.
Treue verklärt alles Unglück
und hüllt es leise
in milden,
überirdischen Glanz.

Juni 1944

WER BIN ICH?

Wer bin ich? Sie sagen mir oft,
ich träte aus meiner Zelle
gelassen und heiter und fest
wie ein Gutsherr aus seinem Schloß.

Wer bin ich? Sie sagen mir oft,
ich spräche mit meinen Bewachern
frei und freundlich und klar,
als hätte ich zu gebieten.

Wer bin ich? Sie sagen mir auch,
ich trüge die Tage des Unglücks
gleichmütig, lächelnd und stolz,
wie einer, der Siegen gewohnt ist.

Bin ich das wirklich, was andere von mir sagen?
Oder bin ich nur das, was ich selbst von mir weiß?
Unruhig, sehnsüchtig, krank, wie ein Vogel im Käfig,
ringend nach Lebensatem, als würgte mir einer die Kehle,
hungernd nach Farben, nach Blumen, nach Vogelstimmen,
dürstend nach guten Worten, nach menschlicher Nähe,
zitternd vor Zorn über Willkür und kleinlichste Kränkung,
umgetrieben vom Warten auf große Dinge,
ohnmächtig bangend um Freunde in endloser Ferne,
müde und leer zum Beten, zum Denken, zum Schaffen,
matt und bereit, von allem Abschied zu nehmen?

Wer bin ich? Der oder jener?
Bin ich denn heute dieser und morgen ein andrer?
Bin ich beides zugleich? Vor Menschen ein Heuchler
und vor mir selbst ein verächtlich wehleidiger Schwächling?
Oder gleicht, was in mir noch ist, dem geschlagenen Heer,
das in Unordnung weicht vor schon gewonnenem Sieg?

Wer bin ich? Einsames Fragen treibt mit mir Spott.
Wer ich auch bin, Du kennst mich, Dein bin ich, o Gott!

Juni 1944

NÄCHTLICHE STIMMEN IN TEGEL

Langgestreckt auf meiner Pritsche
starre ich auf die graue Wand.
Draußen geht ein Sommerabend,
der mich nicht kennt,
singend ins Land.
Leise verebben die Fluten des Tages
an ewigem Strand.
Schlafe ein wenig!
Stärk' Leib und Seele, Kopf und Hand!
Draußen stehen Völker, Häuser, Geister und Herzen in Brand.
Bis nach blutroter Nacht
dein Tag anbricht –
halte stand!

Nacht und Stille.
Ich horche.
Nur Schritte und Rufe der Wachen,
eines Liebespaares fernes, verstecktes Lachen.
Hörst Du sonst nichts, fauler Schläfer?
Ich höre der eigenen Seele Zittern und Schwanken.
Sonst nichts?
Ich höre, ich höre,
wie Stimmen, wie Rufe,
wie Schreie nach rettenden Planken,
der wachenden, träumenden Leidensgefährten
nächtlich stumme Gedanken.
Ich höre unruhiges Knarren der Betten,
ich höre Ketten.

Ich höre, wie Männer sich schlaflos werfen und dehnen,
die sich nach Freiheit und zornigen Taten sehnen.
Wenn der Schlaf sie heimsucht im Morgengrauen,
murmeln sie träumend von Kindern und Frauen.

Ich höre glückliches Lispeln halbwüchsiger Knaben,
die sich an kindlichen Träumen laben.

Ich höre sie zerren an ihren Decken
und sich vor gräßlichem Albtraum verstecken.

Ich höre Seufzen und schwaches Atmen der Greise,
die sich im Stillen bereiten zur großen Reise.
Sie sah'n Recht und Unrecht kommen und gehn,
nun wollen sie Unvergängliches, Ewiges sehn.

Nacht und Stille.
Nur Schritte und Rufe der Wachen.
Hörst du's im schweigenden Hause
beben, bersten und krachen,
wenn Hunderte die geschürte Glut ihrer Herzen entfachen?

Stumm ist ihr Chor,
weitgeöffnet mein Ohr:
»Wir Alten, wir Jungen,
wir Söhne aller Zungen,
wir Starken, wir Schwachen,
wir Schläfer, wir Wachen,
wir Armen, wir Reichen,
im Unglück Gleichen,
wir Guten, wir Bösen,
was je wir gewesen,
wir Männer vieler Narben,
wir Zeugen derer, die starben,
wir Trotzigen und wir Verzagten,
wir Unschuldigen und wir schwer Verklagten,
von langem Alleinsein tief Geplagten,
Bruder, wir suchen, wir rufen dich!
Bruder, hörst du mich?«

Zwölf kalte, dünne Schläge der Turmuhr
wecken mich.
Kein Klang, keine Wärme in ihnen
bergen und decken mich.
Bellende böse Hunde um Mitternacht
schrecken mich.

Armseliges Geläute
trennt ein armes Gestern
vom armen Heute.
Ob ein Tag sich zum andern wende,
der nichts Neues, nichts Besseres fände,
als daß er in Kurzem wie dieser ende –
was kann mir's bedeuten?
Ich will die Wende der Zeiten sehen,
wenn leuchtende Zeichen am Nachthimmel stehen,
neue Glocken über die Völker gehen
und läuten und läuten.
Ich warte auf jene Mitternacht,
in deren schrecklich strahlender Pracht
die Bösen vor Angst vergehen,
die Guten in Freude bestehen.

Bösewicht,
tritt ins Licht,
vor Gericht.

Trug und Verrat,
arge Tat,
Sühne naht.

Mensch, o merke,
heilige Stärke,
ist richtend am Werke.

Jauchzt und sprecht:
Treue und Recht,
einem neuen Geschlecht!

Himmel versöhne
zu Frieden und Schöne
die Erdensöhne.

Erde, gedeih',
Mensch, werde frei,
sei frei!

Ich habe mich plötzlich aufgerichtet,
als hätt' ich von sinkendem Schiffe Festland gesichtet,
als gäbe es etwas zu fassen, zu greifen,
als sähe ich goldene Früchte reifen.
Aber wohin ich auch blicke, greife und fasse,
ist nur der Finsternis undurchdringliche Masse.

Ich versinke in Grübeln.
Ich versenke mich in der Finsternis Grund.
Du Nacht, voll Frevel und Übeln,
tu dich mir kund!
Warum und wie lange zehrst du an unsrer Geduld?
Tiefes und langes Schweigen;
dann hör' ich die Nacht zu mir sich neigen:
ich bin nicht finster, finster ist nur die Schuld!

Die Schuld! Ich höre ein Zittern und Beben,
ein Murmeln, ein Klagen sich erheben,
ich höre Männer im Geiste ergrimmen.
In wildem Gewirr unzähliger Stimmen,
ein stummer Chor
dringt zu Gottes Ohr:

»Von Menschen gehetzt und gejagt,
wehrlos gemacht und verklagt,
unerträglicher Lasten Träger,
sind wir doch die Verkläger.

»Wir verklagen, die uns in Sünde stießen,
die uns mitschuldig werden ließen,
die uns zu Zeugen des Unrechts machten –
um den Mitschuldigen zu verachten.

»Unser Auge mußte Frevel erblicken,
um uns in tiefe Schuld zu verstricken,
dann verschlossen sie uns den Mund,
wir wurden zum stummen Hund.

»Wir lernten es billig zu lügen
dem offnen Unrecht uns fügen.

Geschah dem Wehrlosen Gewalt,
so blieb unser Auge kalt.

»Und was uns im Herzen gebrannt,
blieb verschwiegen und ungenannt.
Wir dämpften das hitzige Blut
und zertraten die innere Glut.

»Was Menschen einst heilig gebunden,
das wurde zerfetzt und geschunden,
verraten Freundschaft und Treue,
verlacht waren Tränen und Reue.

»Wir Söhne frommer Geschlechter,
einst des Rechts und der Wahrheit Verfechter,
wurden Gottes- und Menschenverächter
unter der Hölle Gelächter.

»Doch wenn uns jetzt Freiheit und Ehre geraubt,
vor Menschen erheben wir stolz unser Haupt.
Und bringt man uns in böses Geschrei,
vor Menschen sprechen wir selbst uns frei!

»Ruhig und fest steh'n wir Mann gegen Mann
als die Verklagten klagen wir an.

»Nur vor Dir, alles Wesens Ergründer,
vor Dir sind wir Sünder.

»Leidensscheu und arm an Taten
haben wir Dich vor den Menschen verraten.

»Wir sahen die Lüge ihr Haupt erheben
und haben der Wahrheit nicht Ehre gegeben.

»Brüder sahn wir in größter Not
und fürchteten nur den eigenen Tod.

»Wir treten vor Dich als Männer,
als unsrer Sünde Bekenner.

»Herr, nach dieser Zeiten Gärung,
schenk uns Zeiten der Bewährung.

»Laß' nach so viel Irregehn
uns des Tages Anbruch sehn!

»Laß', soweit die Augen schauen,
Deinem Wort uns Wege bauen.

»Bis Du auslöschst unsre Schuld,
halt uns stille in Geduld.

»Stille wolln wir uns bereiten,
bis Du rufst zu neuen Zeiten,

»bis Du stillest Sturm und Flut
und Dein Wille Wunder tut.

»Bruder, bis die Nacht entwich,
bete für mich!«

Erstes Morgenlicht schleicht durch mein Fenster
  bleich und grau.
Leichter Wind fährt mir über die Stirn
  sommerlich lau.
»Sommertag!« sage ich nur, »schöner Sommertag!«
  Was er mir bringen mag?
Da hör' ich draußen hastig verhaltene Schritte gehn.
In meiner Nähe bleiben sie plötzlich stehn.
  Mir wird kalt und heiß,
  ich weiß, o, ich weiß!
Eine leise Stimme verliest etwas schneidend und kalt.
Fasse dich, Bruder, bald hast du's vollbracht,
  bald, bald!
Mutig und stolzen Schrittes hör' ich dich schreiten.
Nicht mehr den Augenblick siehst du,
  siehst künftige Zeiten.
Ich gehe mit dir, Bruder, an jenen Ort,
und ich höre dein letztes Wort:
»Bruder, wenn mir die Sonne verblich,
lebe du für mich!«

Langgestreckt auf meiner Pritsche
starre ich auf die graue Wand.
Draußen geht ein Sommermorgen,
der noch nicht mein ist,
jauchzend ins Land.
Brüder, bis nach langer Nacht
unser Tag anbricht,
halten wir stand!

Juni 1944

CHRISTEN UND HEIDEN

1. Menschen gehen zu Gott in ihrer Not,
flehen um Hilfe, bitten um Glück und Brot,
um Errettung aus Krankheit, Schuld und Tod.
So tun sie alle, alle, Christen und Heiden.

2. Menschen gehen zu Gott in Seiner Not,
finden ihn arm, geschmäht, ohne Obdach und Brot,
sehn ihn verschlungen von Sünde, Schwachheit und Tod,
Christen stehen bei Gott in Seinen Leiden.

3. Gott geht zu allen Menschen in ihrer Not,
sättigt den Leib und die Seele mit Seinem Brot,
stirbt für Christen und Heiden den Kreuzestod,
und vergibt ihnen beiden.

Juli 1944

Zucht.

Ziehst du aus, die Freiheit zu suchen, so lerne vor allem / Zucht der Sinne und Deiner Seele, daß die Begierden / und deine Glieder dich nicht bald hierhin, bald dorthin führen. / Keusch sei dein Geist und dein Leib, gänzlich dir selbst unterworfen, / und gehorsam, das Ziel zu suchen, das ihm gesetzt ist. / Niemand erfährt das Geheimnis der Freiheit, es sei denn durch Zucht.

Tat.

Nicht das Beliebige, sondern das Rechte tun und wagen, / nicht im Möglichen schweben, das Wirkliche tapfer ergreifen, / nicht in der Flucht der Gedanken, allein in der Tat ist die Freiheit. / Tritt aus ängstlichem Zögern heraus in den Sturm des Geschehens, / nur von Gottes Gebot und deinem Glauben getragen, / und die Freiheit wird deinen Geist jauchzend umfangen.

Leiden.

Wunderbare Verwandlung. Die starken tätigen Hände / sind dir gebunden. Ohnmächtig einsam siehst du das Ende / deiner Tat. Doch atmest du auf und legst das Rechte / still und getrost in stärkere Hand und gibst dich zufrieden. / Nur einen Augenblick berührtest du selig die Freiheit, / dann übergabst du sie Gott, damit er sie herrlich vollende.

Tod.

Komm nun, höchstes Fest auf dem Wege zur ewigen Freiheit, / Tod, leg nieder beschwerliche Ketten und Mauern / unsres vergänglichen Leibes und unsrer verblendeten Seele, / daß wir endlich erblicken, was hier uns zu sehen mißgönnt ist. / Freiheit, dich suchten wir lange in Zucht und in Tat und in Leiden. / Sterbend erkennen wir nun im Angesicht Gottes dich selbst.

Juli 1944

DER FREUND

Nicht aus dem schweren Boden,
wo Blut und Geschlecht und Schwur
mächtig und heilig sind,
wo die Erde selbst
gegen Wahnsinn und Frevel
die geweihten uralten Ordnungen
hütet und schützt und rächt, –
nicht aus dem schweren Boden der Erde,
sondern aus freiem Gefallen
und freiem Verlangen des Geistes,
der nicht des Eides noch des Gesetzes bedarf,
wird der Freund dem Freunde geschenkt.

Neben dem nährenden Weizenfeld,
welches die Menschen ehrfürchtig bauen und pflegen,
dem sie den Schweiß ihrer Arbeit
und, wenn es sein muß,
das Blut ihrer Leiber zum Opfer bringen,
neben dem Acker des täglichen Brotes
lassen die Menschen doch auch
die schöne Kornblume blühn.
Keiner hat sie gepflanzt, keiner begossen,
schutzlos wächst sie in Freiheit
und in heiterer Zuversicht,
daß man das Leben
unter dem weiten Himmel
ihr gönne.
Neben dem Nötigen,
aus gewichtigem, irdischem Stoffe Geformten,
neben der Ehe, der Arbeit, dem Schwert,
will auch das Freie
leben
und der Sonne entgegenwachsen.
Nicht nur die reife Frucht,
auch Blüten sind schön.
Ob die Blüte der Frucht,

ob die Frucht der Blüte nur diene, –
wer weiß es?
Doch sind uns beide gegeben.
Kostbarste, seltenste Blüte, –
der Freiheit des spielenden,
wagenden und vertrauenden
Geistes in glücklicher Stunde entsprungen, –
ist dem Freunde der Freund.

Spielgefährten zuerst
auf den weiten Fahrten des Geistes
in wunderbare,
entfernte Reiche,
die im Schleier der Morgensonne
wie Gold erglänzen,
denen am heißen Mittag
die leichten Wolken des blauen Himmels
entgegenziehen,
die in erregender Nacht
beim Scheine der Lampe
wie verborgene, heimliche Schätze
den Suchenden locken.

Wenn dann der Geist dem Menschen
mit großen, heiteren, kühnen Gedanken
Herz und Stirne berührt,
daß er mit klaren Augen und freier Gebärde
der Welt ins Gesicht schaut,
wenn dann dem Geiste die Tat entspringt,
– der jeder allein steht oder fällt –,
wenn aus der Tat
stark und gesund
das Werk erwächst,
das dem Leben des Mannes
Inhalt und Sinn gibt,
dann verlangt es
den handelnden, wirkenden, einsamen Menschen
nach dem befreundeten und verstehenden Geist.
Wie ein klares, frisches Gewässer,
darin der Geist sich vom Staube des Tages reinigt,

darin er von glühender Hitze sich kühlet
und in der Stunde der Müdigkeit stählt, –
wie eine Burg, in die nach Gefahr und Verwirrung
der Geist zurückkehrt,
in der er Zuflucht, Zuspruch und Stärkung findet,
ist dem Freunde der Freund.

Und der Geist will vertrauen,
ohne Grenzen vertrauen.
Angeekelt von dem Gewürm,
das im Schatten des Guten
von Neid und Argwohn und Neugier sich nährt,
von dem Schlangengezisch
vergifteter Zungen,
die das Geheimnis des freien Gedankens,
des aufrichtigen Herzens
fürchten, hassen und schmäh'n,
verlangt es den Geist,
alle Verstellung von sich zu werfen
und sich vertrautem Geiste
gänzlich zu offenbaren,
ihm frei und treu zu verbünden.

Neidlos will er bejahen,
will anerkennen,
will danken,
will sich freuen und stärken
am anderen Geist.

Doch auch strengem Maß
und strengem Vorwurf
beugt er sich willig.
Nicht Befehle, nicht zwingende fremde Gesetze und Lehren,
aber den Rat, den guten und ernsten,
der frei macht,
sucht der gereifte Mann
von der Treue des Freundes.

Fern oder nah
in Glück oder Unglück

erkennt der eine im andern
den treuen Helfer
zur Freiheit
und Menschlichkeit.

Am 28. 8. morgens.

Als die Sirenen heulten um Mitternacht,
habe ich still und lange an dich gedacht,
wie es dir gehen mag und wie es einst war,
und daß ich dir Heimkehr wünsche im neuen Jahr.

Nach langem Schweigen höre ich um halb zwei
die Signale, daß die Gefahr vorüber sei.
Ich habe darin ein freundliches Zeichen gesehen,
daß alle Gefahren leise an dir vorübergehen.

DER TOD DES MOSE

5. Mose 34,1: *»und der Herr zeigte ihm das ganze Land.«*

Auf dem Gipfel des Gebirges steht
Mose, der Mann Gottes und Prophet.

Seine Augen schauen unverwandt
in das heilige, gelobte Land.

»So erfüllst Du, Herr, was Du versprochen,
niemals hast Du mir Dein Wort gebrochen.

Deine Gnade rettet und erlöst,
und Dein Zürnen züchtigt und verstößt.

Treuer Herr, Dein ungetreuer Knecht
weiß es wohl: Du bist allzeit gerecht.

So vollstrecke heute Deine Strafe,
nimm mich hin zum langen Todesschlafe.

Von des heilgen Landes voller Traube
trinkt allein der unversehrte Glaube.

Reich' dem Zweifler drum den bittren Trank,
und der Glaube sagt Dir Lob und Dank.

Wunderbar hast Du an mir gehandelt,
Bitterkeit in Süße mir verwandelt,

läßt mich durch den Todesschleier sehn
dies, mein Volk, zu höchster Feier gehn.

Sinkend, Gott, in Deine Ewigkeiten
seh' mein Volk ich in die Freiheit schreiten.

Der die Sünde straft und gern vergibt,
Gott, ich habe dieses Volk geliebt.

Daß ich seine Schmach und Lasten trug
und sein Heil geschaut – das ist genug.

Halte, fasse mich! mir sinkt der Stab,
treuer Gott, bereite mir mein Grab.«

September 1944 (Auszug)

JONA

Sie schrieen vor dem Tod, und ihre Leiber krallten
sich an den nassen, sturmgepeitschten Tauen,
und irre Blicke schauten voller Grauen
das Meer im Aufruhr jäh entfesselter Gewalten.

»Ihr ewigen, ihr guten, ihr erzürnten Götter,
helft oder gebt ein Zeichen, das uns künde
den, der euch kränkte mit geheimer Sünde,
den Mörder oder Eidvergeß'nen oder Spötter,

der uns zum Unheil seine Missetat verbirgt
um seines Stolzes ärmlichen Gewinnes!«
So flehten sie. Und Jona sprach: »Ich bin es!
Ich sündigte vor Gott. Mein Leben ist verwirkt.

Tut mich von euch! Mein ist die Schuld. Gott zürnt mir sehr.
Der Fromme soll nicht mit dem Sünder enden!«
Sie zitterten. Doch dann mit starken Händen
verstießen sie den Schuldigen. Da stand das Meer.

Geschrieben am 5. 10. 1944
im Wehrmachtuntersuchungsgefängnis Tegel.

VON GUTEN MÄCHTEN

1. Von guten Mächten treu und still umgeben
behütet und getröstet wunderbar, –
so will ich diese Tage mit euch leben
und mit euch gehen in ein neues Jahr;

2. noch will das alte unsre Herzen quälen
noch drückt uns böser Tage schwere Last,
Ach Herr, gib unsern aufgeschreckten Seelen
das Heil, für das Du uns geschaffen hast.

3. Und reichst Du uns den schweren Kelch, den bittern,
des Leids, gefüllt bis an den höchsten Rand,
so nehmen wir ihn dankbar ohne Zittern
aus Deiner guten und geliebten Hand.

4. Doch willst Du uns noch einmal Freude schenken
an dieser Welt und ihrer Sonne Glanz,
dann woll'n wir des Vergangenen gedenken,
und dann gehört Dir unser Leben ganz.

5. Laß warm und hell die Kerzen heute flammen
die Du in unsre Dunkelheit gebracht,
führ, wenn es sein kann, wieder uns zusammen!
Wir wissen es, Dein Licht scheint in der Nacht.

6. Wenn sich die Stille nun tief um uns breitet,
so laß uns hören jenen vollen Klang
der Welt, die unsichtbar sich um uns weitet,
all Deiner Kinder hohen Lobgesang.

7. Von guten Mächten wunderbar geborgen
erwarten wir getrost, was kommen mag.
Gott ist bei uns am Abend und am Morgen,
und ganz gewiß an jedem neuen Tag.

Dezember 1944

Johann Christoph Hampe

EINE INTERPRETATION

Das letzte Jahr

Dieser Band enthält elf Gedichte aus der Feder Dietrich Bonhoeffers und eines über ihn von Wystan Hugh Auden († 1973). Es sind dies alle Gedichte, die wir von ihm haben. Und sie stammen alle aus der Zeit seiner Gefangenschaft. Schon als junger Mensch hatte er gedichtet, später aber diesem Talent wie auch seiner viel stärkeren musikalischen Begabung keinen Raum mehr gegeben, weil ihn Wichtigeres beschäftigte, seine eine große Sache. Doch war er sein Leben lang ein leidenschaftlicher und schnell und darum vieles aufnehmender Leser. Es hing mit seiner Weise, Theologie zu treiben und auch mit seinem Verständnis von Theologie und ihrem Inhalt zusammen, daß er seinen literarischen Horizont so weit wie möglich ausdehnte und sich schlechthin nichts verfügbar Bedeutendes im Raum von Philosophie, Geschichte und Literatur, vor allem erzählender Literatur entgehen lassen wollte. Die sekundären modernen Humanwissenschaften haben ihn jedoch nicht in solchem Maße interessiert. Er suchte besonders angestrengt die historische Dimension zu erfassen.

Freilich bedeuteten ihm Menschen immer mehr als alle Bücher, und er las vordringlich, um seine Zeitgenossen besser zu verstehen, sie, für die er Theologie trieb und deren Seelsorger er sein wollte. Nur in ihnen konnte er sich selbst verstehen, dieser Meister des ernsten sachlichen wie des heiter-lockeren Gesprächs und der Korrespondenz. Die Gegenwart der Menschen ist aber nicht zu haben ohne ihre Geschichte. Nach den geschichtlichen Gründen zu fragen war Bonhoeffer wichtiger, als psychologische Studien zu treiben. Das Bewußtsein der Herkunft als der Grund seiner Gegenwart verließ ihn nie.

Zu keiner Zeit aber engagierte er sich an Literatur so stark und so extensiv wie in den fast zwei Jahren, die er in Gefängnissen Hitlers zubringen mußte. Bis zum Tag seiner Hinrichtung, am 9. April 1945, als ihm ein hastig aufgesetztes Standgerichtsurteil verlesen wurde, war er Untersuchungsgefangener mit allen formell noch geltenden, zuweilen respektierten Rechten. So blieb ihm in diesen letzten Monaten immerhin Zeit. Er hat sie diszipliniert für eine unermüdliche Lektüre und ausgedehnte Produktion genutzt. In diesen Monaten der Bedrängnis hat er uns sein Bestes geschenkt, Stück um Stück hinausgeschmuggelt und von dem Freund und den Verwandten in Sicherheit gebracht, sein Bestes, wenn auch, in der Unruhe der Zeit und in der Fülle der Gesichte, als Skizze, Entwurf, Naturzustand. Pläne ganzer Bücher sind in Briefen untergebracht, die um das Echo ringen, das in der Zelle fehlt. Darunter eben auch die Gedichte.

Der Grund für seine literarischen Interessen und späten eigenen Bemühungen war im Elternhaus gelegt worden. Die Familie des in der Wissenschaft hochgeachteten Psychiaters Karl Bonhoeffer mit ihren acht Kindern und zahlreichen interessierten Verwandten führte in Breslau und Berlin ein großzügiges, weniger wirtschaftlich als geistig anspruchsvolles Haus. Dietrich Bonhoeffer wuchs früh in die beste bürgerliche Kultur der damaligen Jahre hinein. Man war in der Welt der deutschen Klassiker zu Hause wie in der Musik des 19. Jahrhunderts. Der Vater duldete keine Phrase. Es genügte, seine geistige Unsauberkeit zu erkennen, um den Nationalsozialismus nicht einmal zu diskutieren. Der Widerstand kam aus konservativ nationalem wie liberalem Geist. Dietrichs früher Entschluß, Theologie zu studieren, erstaunte, wurde aber akzeptiert. Er konnte sich seinem Elternhaus nicht entfremden und blieb ihm zeitlebens fruchtbar verbunden.

An alledem haben seine literarischen Versuche – neben den Gedichten nur erst in Proben veröffentlichte Dramen- und Romanfragmente – ihren Anteil. Die konservative Komponente im Wesen Dietrich Bonhoeffers ist nicht zu übersehen. Literarisch wie musikalisch war sein Geschmack nie avantgardistisch. Wir müssen aber sehr genau unterscheiden. Bonhoeffer hatte weder als Theologe noch als politischer Mensch noch als Mensch überhaupt das geringste mit konservativer Restauration zu tun. Als Theologe jedenfalls dachte er weit voraus, wenn er sich auch wohl ein Deutschland nach Hitler vor allem als ein nationales Gebilde aus christlichem Geist vorstellte. Er war einfach darum konservativ, weil er gar nicht anders als geschichtlich denken konnte von der Tradition seiner alten Familie, von den bewährten Haltungen her, die in ihr galten, von seiner altgewordenen Wissenschaft her, die eine Wissenschaft ist, in der es auch gilt, auf den Buchstaben und den Geist weit und nah zurückliegender Zeiten zu achten.

So haben wir gewiß die Lyrik eines Epigonen, eines Nachfahren zu erwarten. Bonhoeffer war weit davon entfernt, sich für einen Dichter zu halten (WEN 404), und sah sich nicht gesegnet, seinem Gedicht durch die eigene Form poetische Glaubwürdigkeit zu geben. Immer steht die Aussage im Vordergrund, ein Erleben drängt zur Mitteilung, künstlerische Distanz ist nicht wahrgenommen. Es mag sein, daß wir die gleiche Aussage im Gedicht wie in den Prosatexten des Bandes »Widerstand und Ergebung« finden, den Eberhard Bethge aus den Briefen seiner Gefangenschaft zusammenstellte. So treffen wir alle Elemente des Gedichts »Stationen auf dem Wege zur Freiheit«, sozusagen alle seine Stichworte auch im Brief vom 28. Juli 1944 an. Und es beruht auch unser Versuch der Erklärungen zu den Gedichten darauf, daß wir diesen ihren Stichworten im Denken Bonhoeffers nachspüren. Und doch bleiben die Gedichte, ganz unabhängig von ihrer sehr verschiedenen Qualität, notwendige und eigenständige Zeugnisse der Selbstdarstellung des Autors.
Ich meine nicht den Zauber, den Poesie immer schon besitzt, weil sie gebundene, gefaßte, verdichtete Rede ist. Davon wird auch dann etwas bleiben, wenn sie fremdes Muster übernimmt wie hier den Stil Schillers, Hölderlins, C. F. Meyers oder den der Expressionisten aus der Generation des Ersten Weltkriegs. Um das auszudrükken, was einige, wenigstens sechs dieser Gedichte im Gesamtwerk Bonhoeffers unentbehrlich und für sich genommen tief beglückend macht und ihnen einen Platz im Herzen der Christenheit auf lange sichert, können wir Bonhoeffer selbst sprechen lassen. Er erörtert einmal in seinen Gefangenschaftsbriefen am Beispiel von Adalbert Stifter den Unterschied von Einfachheit und Einfalt. Ihn in Bonhoeffers Sinn aufnehmend, möchte ich sagen: auf dem Weg von dieser Prosa zu den Gedichten haben die stets einfachen Gedanken Einfalt gewonnen. Einfachheit ist die Bedingung von Tiefe, das Ergebnis geistiger Reife. »Einfach kann man *werden*, einfältig kann man nur *sein*.« In den Gedichten ist Bonhoeffer ganz, was er ist. Mehr muß über ihre Bedeutung nicht gesagt werden. »Ein analoges Verhältnis«, fährt er fort, »sehe ich in den Begriffen des Reinen und des Maßvollen. Rein kann man nur *sein*, vom Ursprung oder vom Ziel her, das heißt von der Taufe oder von der Vergebung im Abendmahl her, es ist wie die Einfalt ein Ganzheitsbegriff; die verlorene Reinheit – und unser aller Reinheit ist verloren! – kann im Glauben wieder geschenkt werden, im Werden und im Leben

aber können wir nicht mehr rein, sondern nur noch maßvoll sein« (WEN 238). Sonst im Leben mag es nicht immer so sein, aber hier in jenen Gedichten schließt die Reinheit das Maß, die Einfalt die Einfachheit ein. Der Dichter mag in seinem aristokratischen Lebensgefühl die verlorene Reinheit, in seinem lädierten Gewissen die verlorene Einfalt beklagen, die Gedichte »Vergangenheit«, »Glück und Unglück«, »Wer bin ich«, »Christen und Heiden«, »Stationen auf dem Wege zur Freiheit«, »Der Freund«, »Jona« und »Von guten Mächten« besitzen sie.

Die Literaturgeschichte zeigt uns eine Fülle von Archetypen des Dichters. In keine geht der Pastor Dietrich Bonhoeffer, hingerichtet unter den »Gottlosen«, weil nicht die Kirche, sondern die Welt Zeugen Gottes braucht, er, der kein Dichter sein wollte, ganz ein. War er ein Sänger? Er war es auch. Er wußte im Geist noch ohne Instrument zu musizieren und den Psalter zu singen, er hatte als Junge schon komponiert. War er ein Priester? Er war es auch. Sonst hätte er nicht das Opfer des »Jona« geschrieben. War er ein Gaukler? Gewiß nicht. Aber er wußte zu spielen. Schach noch am Tage vor seinem Tode. War er ein Armer? Geld hatte keinen Wert für ihn, er hatte es und konnte es hergeben. Aber er rühmte die Askese, ohne Asket zu werden. War er ein Leidender wie Dostojewskij und Hölderlin? Er hat es abgewiesen, ihm Leiden nachzusagen, als er gefangen war. Er hat das Leiden als »wunderbare Verwandlung« und den Tod als »höchstes Fest auf dem Wege zur ewigen Freiheit« gepriesen. War er ein Entsagender? Niemals, denn Verkündigen, Sagen war sein Auftrag, nicht Ab-Sagen. Aber Adalbert Stifter, der Entsager war sein Freund. Weil er Distanz hielt. Er war kein Magier des Wortes und seine literarische Phantasie hatte, wie das Romanfragment zeigt, nicht allzuweit gezogene Grenzen. Am ehesten besaß er – wenn wir die großen Beispiele durchgehen – das meiste von einem Seher. Er hat – lassen wir es auf uns wirken – in seinen wenigen Gedichten einen Zipfel unserer Zukunft aufgedeckt. Noch immer steht es so, obwohl er heute ein Mann von siebzig Jahren wäre, dieser Jüngling, und seine Asche im Massengrab ruht. Er sah, was zu sein wir uns sehnen.

Wir werden aus Anlaß seiner Gedichte zu diesen einige seiner Gedanken nennen dürfen. Es wird, knapp genug, an einigen Stellen das Wichtigste von der Sache, die ihm wichtig war, erwähnt werden. Sie ist an anderer Stelle breit erörtert. Sie wirkt fort. Sie hat

ihr eigenes Leben. Wir werden aus Anlaß seiner Gedichte dieses eine Jahr, in dem sie entstanden sind, das Jahr von Weihnachten 1943 bis Weihnachten 1944, erzählen. Es war viel reicher, als wir es sagen können. Wir werden über den Mann etwas hören. So viel, daß die Gedichte ihren Hintergrund gewinnen. Denn er hat gewiß nicht gewünscht, daß wir bei ihm, in diesem bösen Jahre 1945, als sein letztes Wort fiel, stehen bleiben. Sein letztes Wort, heißt es, lautete: »Das ist das Ende – für mich der Beginn des Lebens.« – »Eilig lief er die Treppe hinunter«, schreibt sein Biograph (B 1037).
Er selbst wollte kein Dichter sein, sondern ein Zeuge. Ob nicht der Zeuge mehr ist als der Dichter? Einfältiger, reiner als dieser? Welcher Christ wüßte nicht, daß das Wort Zeuge eine doppelte Bedeutung besitzt? Hat er unsere Stelle vertreten? Nicht wie Christus – das wies er ab – aber in seiner Nachfolge? »Wir sind nicht Christus, aber wenn wir Christen sein wollen, so bedeutet das, daß wir an der Weite des Herzens Christi teilbekommen sollen in verantwortlicher Tat, die in Freiheit die Stunde ergreift und sich der Gefahr stellt und in echtem Mitleiden, das nicht aus der Angst, sondern aus der befreienden und erlösenden Liebe Christi zu allen Leidenden quillt« (WEN 23f).
Das sind Worte aus seinem Rechenschaftsbericht »Nach zehn Jahren«, zehn Jahre nämlich nach Beginn der Hitlerherrschaft. Die greisen Eltern haben diese Papiere in den Dachsparren des Hauses an der Marienburger Allee verborgen, dort, wo die Brandbomben zuerst einschlagen mußten, aber nicht eingeschlagen sind. »Der Tod«, heißt es im Dramenfragment, »ist das Maß der Worte«. Bonhoeffer läßt es den jungen hitzigen Christoph sprechen, der seine eigene, Bonhoeffers Rolle spielt im Gespräch und »die großen Worte, die den Menschen gegeben sind, vor dem Mißbrauch schützen« möchte (GS III, 479). Ein einziges großes Wort – so schlug es der Freund vor – möchte doch aus dem Gedicht gestrichen werden, das Wort »schön«. Genügt es nicht, die Freundschaft eine »Kornblume im Ährenfeld« zu nennen; muß es eine »schöne Kornblume« sein? Ein einziges, ein wenig zu groß geratenes Wort. Wir lesen große Dichtung, nicht große Worte. Ihr Maß, der Tod blickt durch das Fenster.

Nur eins liegt mir noch am Herzen. Es könnte sein, daß wir beim Lesen – und ich wünsche, beim Aneignen dieser Gedichte – auf die Bahn geraten, die Dietrich Bonhoeffer ausdrücklich nicht einschla-

gen wollte. Sie beginnen mit Melancholie. Sie werden ernster und ernster. »Es fiel die Tür ins Schloß.« Auch das müssen wir ja bedenken: die Folge dieser Gedichte des Gefangenen gehorcht einem Gesetz, dem wir alle unterworfen sind. Die Größe Dietrich Bonhoeffers war, daß er dieses Gesetz überwand und in die Freiheit gelangte nach allem, was wir wissen. Er liebte Psychologie nicht, wie schon sein Vater, der doch als Psychiater diente. Aber auch *seine* Seele folgte seelischen Gesetzen. Das Gesetz, psychologisch nachweisbar, lautet, daß wir alle unsere Trauerarbeit abzuleisten haben. Man kann es, wenn man will, im Leben Dietrich Bonhoeffers zwischen Verhaftung und Tod nachlesen, daß er seinen Weg zu gehen hatte, vom Haftschock zum Widerspruch, zum Hader, aus der Regression zur Zustimmung gelangte. Und wer kennt die Phasen? Sie sahen ihn wie einen »Gutsherrn« aus der Zelle treten, stets offen und souverän mit so vielem in den Augen, was er den anderen zu geben hatte. Er aber wußte es besser. Er sah sich schärfer – Wer bin ich? –, er wußte, daß er auf der Pritsche lag und mit Gott haderte.
Die Bahn, die er mit unseren Gedanken nicht einzuschlagen wünschte, wäre die, daß wir ihn für einen Heiligen nähmen. Dem hat er selbst ausdrücklich widersprochen. Er sagte damals schon in Amerika in jenem Gespräch mit dem Franzosen (WEN 401): »Ich möchte kein Heiliger werden, ich möchte glauben lernen.« Lange Zeit hatte er die Tiefe dieses Gegensatzes nicht verstanden. Was heißt glauben? »Wir müssen uns immer wieder sehr lange und sehr ruhig in das Leben, Sprechen, Handeln, Leiden und Sterben Jesu versenken, um zu erkennen, was Gott verheißt und was er erfüllt. Gewiß ist, daß wir immer in der Nähe und unter der Gegenwart Gottes leben dürfen, und daß dieses Leben für uns ein ganz neues Leben ist; daß es für uns nichts Unmögliches mehr gibt, weil es für Gott nichts Unmögliches gibt; daß keine irdische Macht uns anrühren kann ohne Gottes Willen, und daß Gefahr und Not uns nur näher zu Gott treibt; gewiß ist, daß wir nichts zu beanspruchen haben und doch alles erbitten dürfen; gewiß ist, daß im Leiden unsre Freude, im Sterben unser Leben verborgen ist; gewiß ist, daß wir in dem allen in einer Gemeinschaft stehen, die uns trägt. Zu all dem hat Gott in Jesus Ja und Amen gesagt. Dieses Ja und Amen ist der feste Boden, auf dem wir stehen« (WEN 425f).

Wir zögern, diese Texte unter Bonhoeffers literarische Versuche einzureihen. Wenn wir sie ihnen sogar voranstellen, so geschieht dies aus drei Gründen. Keine der folgenden dichterischen Produktionen nimmt ihren Ausgangspunkt so ausdrücklich bei unmittelbarer physischer Bedrohung. Die Not der Novembernächte des Jahres 1943 mit ihren sehr harten Luftangriffen auf die dem Gefängnis unmittelbar gegenüberliegenden Lokomotivwerke und das Gefängnis selbst lehrte Bonhoeffer diese Gebete. Damals schrieb er ein Testament nieder. Aber nicht nur die Nächte schreckten. Auch am Tag war er heimgesucht. »Grauenhafte Eindrücke« verfolgten ihn oft bis in die Nacht (WEN 181). Damals, und nur damals, dachte er an Selbstmord, »nicht aus Schuldbewußtsein, sondern weil ich im Grunde schon tot bin. Schlußstrich, Fazit«. Er kann diese Eindrücke »nur durch Aufsagen unzähliger Liederverse verwinden«, er hat das Gefühl, jetzt um Jahre älter geworden zu sein, »und die Welt wird mir oft zum Ekel und zur Last«. Das Gebet ist die primäre Antwort auf seine Lage. Diese Texte sagen uns, wie wir alle anderen literarischen Versuche zu lesen haben: mehr als die Stimme des Beters als die des Dichters.

Der zweite Grund ist der, daß er sich mit den anderen Gefangenen in diesen Texten zusammenschließt. Von Anfang an versuchte Bonhoeffer, Gefangenschaft nicht als dieser Einzelne zu tragen, sondern für alle im Haus mitzudenken. Diesem Zug werden wir auch später begegnen, aber hier ist der Akkord angeschlagen: der Nachbar in seiner Zelle ist dabei und auch gemeint, wenn Bonhoeffer spricht. Seine Souveränität drückt sich, noch während er selbst die Situation nicht bewältigt hat, darin aus, daß er sie anderen zu erleichtern sucht.

Zu den Mitgefangenen zählte Bonhoeffer immer auch die Bewacher. Aus der Erzählung »Gefreiter Berg« (WEN 284ff) und dem »Haftbericht nach einem Jahr Tegel« (WEN 278ff) geht hervor, daß die brutalsten Schließer den Ton angaben: »der ganze Bau hallt von wüsten Schimpfworten ehrenrühriger Art«, Beschwerden sind fruchtlos, Sadismus und Korruption blühen. Dennoch gab es eine Reihe von Soldaten der Wachmannschaft, zu denen Bonhoeffer seit Monaten, vor allem seit diesem Winter, in dem das Gefängnis durch Luftangriffe heimgesucht wurde, ein eigentümliches Verhältnis gewann. Seit sich der Berliner Stadtkommandant, sein Onkel General Paul v. Hase, nach ihm erkundigt hatte, genoß er eine erträgliche Behandlung und größere Freiheit. Die Schließer respektierten ihn und manche versagten ihm, wo es ging, ihre Hilfe nicht. Manche von ihnen suchten sogar bei ihm Schutz und Trost. Einer erbat sich heimlich die »Gebete«. So konnten auch Kontakte zu anderen Gefangenen, unter denen viele ihr Todesurteil erwarteten, durch die heimliche Hilfe verständnisvoller älterer Aufseher vertieft werden. Die Gefängnispfarrer Dannenbaum und Poelchau verteilten die »Gebete« sogar auf den Zellen, was ihnen streng verboten war.

Bonhoeffer gab dieser Zeit sinnlos erscheinenden Wartens auf Befreiung oder Tod durch einen genauen Tagesplan und feste Gebetszeiten Gestalt. Unsere Texte entsprangen der Disziplin, die er sich auferlegte. Er zog Kraft daraus, daß er sich nicht gehen lassen konnte und wollte. Die »Gebete für Mitgefangene« sind jedoch nur ein einziges Beispiel seiner unermüdlichen Versuche, alle Menschen in der ausgedehnten Tegeler Gefängnisanlage, an die er nur irgend herankommen konnte, durch das eigene Vorbild an den Kraftstrom anzuschließen, von dem er zehrte. Und wir werden noch sehen, daß seine Fürbitte auch die einschloß, die ihm unbekannt oder fremd blieben, die Unwissenden und die Quäler. So entstand, obwohl in Tegel niemals ein Gottesdienst gehalten wurde und Bonhoeffer damals solchen Möglichkeiten nicht nachgehen mochte, in seiner Umgebung so etwas wie eine communio sanctorum. »Die leibliche Gegenwart anderer Christen ist dem Gläubigen eine Quelle unvergleichlicher Freude und Stärkung«, hatte er fünf Jahre zuvor geschrieben, als er dem damals schon verbotenen Experiment des Finkenwalder Bruderhauses die Grundordnung schrieb. Jetzt befand er sich eher in der Lage des Apostels Paulus, der seinen Schüler Timotheus in der Gefangenschaft empfing: er durfte immerhin wissen, daß es Menschen in diesem Gefängnis gab, ob er sie kannte oder nicht, die diese Gebete mit ihm sprechen konnten.

Diese Gemeinschaft in der Horizontalen, dokumentiert in der Geschichte dieser Gebete, wird aber erweitert durch eine Gemeinschaft in die Tiefe der Zeit. Und sie ist der dritte Grund, der uns zwingt, die Gebete an den Anfang zu stellen. War Bonhoeffers Leben selbst in der verächtlichen Situation des Gefangenen Liturgie, Lob aus der Tiefe, so war er in ihr und durch sie zurückgebunden und getragen von den Stimmen in seinem Ohr. In seinen drei Gebeten dringt unüberhörbar die Erfahrung langer christlicher Tradition durch, ja, sie sind ein einzigartiges Beispiel für die Aufnahme dieser Tradition in aktueller Verantwortung. Der Morgen, der Abend, die »besondere« Not, das ist ein Minimalprogramm des mönchischen, des lutherischen, des pietistischen Tagesgebetes, und dem Gesangbuchvers der Väter wird die Rolle der Antwort und Bestätigung des selbstgefundenen Wortes aus der Kraft der Gemeinschaft erteilt. Der Beter hält sich in seinem Wort zurück. Originalität zu suchen, wäre hier Lüge. Gott gegenüberstehen, heißt, die Masken fallen lassen. Wir haben ein Recht zu der Behauptung, daß dies eben das Klima aller Äußerungen des gefangenen Bonhoeffers ist. Gerade wenn er »dichtet«, wird ihm dies zum erklärten Problem. Die ästhetische Dimension ist verlassen, Rilkes bohrende Frage »O sage, Dichter, was du tust?« immer präsent. Es ist nicht Zeit zum Spielen. Schönheit, die jetzt dennoch gefügten Worten zufällt, reicht in den Raum der Gnade. Ob die Dichtungen aus Tegel epigonenhaft im künstlerischen Sinne sind, muß nicht unsere erste Frage sein. Sie folgen dem Glaubensmuster der Väter nach, das der Gefangene in seiner Situation bewährt sieht.

Er schlägt den biblischen Psalmton an, wandert vom Bekenntnis zu Lob und Dank und Bitte. Der Grundton ist Vertrauen in der Not, der trinitarische Anruf ungekünstelt. Hier legt sich ein Mensch, dem alle Tiefen der Angst und alle Höhenflüge des Geistes, der Phantasie und der Kunst, die Pracht des Irdischen und die Geheimgänge der Theologie zugänglich waren, wie ein Kind in die Hand Gottes hinein. Kein Wort verrät einen Bruch zwischen dem, was er sagt, und dem, was er ist. Und er betet ohne alles Drängen, als wäre er nicht der Gefangene auf unbekannte Zeit. Er betet für sich, und doch geschieht es für alle Gefangenen, ja so, daß wir es noch heute nachsprechen können, als wäre seine Zelle unsere Gegenwart. Und eben, daß es so mit seinem Wort steht, ist die Voraussetzung für alle Gedichte, die er uns hinterließ.

»Vergangenheit« ist das erste der Gedichte, die in schneller Folge während des Sommers 1944 in der militärischen Haftanstalt von Berlin-Tegel entstanden. Schon länger als ein Jahr war Bonhoeffer gefangen. Zwar schien zu diesem Zeitpunkt die Aussicht auf Beendigung der Haft nicht völlig versperrt, da die Behörden kein Beweismaterial gegen ihn in der Hand hatten und die Verhöre sich noch nicht auf eigene Beteiligung an Umsturzplänen bezogen. Der Bürgersohn und Ästhet, der Freund eines Lebens im dankbaren Genuß der guten Schöpfungsgaben, hatte sich nach dem Schock der Verhaftung in seiner Zweimal-Dreimeter-Zelle zwar nicht eingelebt, aber seine Gefangenschaft angenommen und seine geistige Bewegungsfreiheit jeden Tag nutzen gelernt. Dennoch nannte er, was diese Verse ausdrücken, »fast die tägliche Begleitmusik meines hiesigen Lebens« (WEN 349). Er, der Gesellige, fühlte sich abgeschnitten. Der Briefwechsel war eingeschränkt, Besuche durften nur kurz sein. In jedem war der Abschied vorgezeichnet. Das mochte Bonhoeffer besonders empfinden, wenn Maria von Wedemeyer, seine Braut seit vier Monaten, zu ihm kam. Dies ist das Liebesgedicht unter den Gedichten Bonhoeffers, eine Huldigung, die das geliebte Glück und den schwer geliebten Schmerz ihrer Beziehung gleichsam anonym läßt.

»Es fiel die Tür ins Schloß,
ich höre deine Schritte langsam sich entfernen und verhallen . . .«

Kein Wunder, daß sich dieses Gefühl in ihm ausbreitete. Nie vernehmen wir eine Klage von ihm über die mißlichen äußeren Umstände. Aber die Zeit ist in der Schwebe. Die Isolierung im engen Raum kann zum Symbol für die noch viel ärgere Isolierung werden, die auf die verengte Zeit. Wohl gilt es für jeden Menschen, daß ihm die kommende Stunde ungewiß, die vergangene verloren ist, aber der Gefangene hat ein geschärftes Bewußtsein dafür. »Das Abschiednehmen, das Erlebnis der Vergangenheit, ob es nun die gestrige Stunde oder vergangene Jahre sind – beides fließt rasch ineinander – ist für mich eine immer wiederkehrende Aufgabe und Du selbst schriebst einmal: das Abschiednehmen übt sich merkwürdig schlecht« (WEN 350), erzählt er dem Freund im Brief vom 5. Juni 1944. Daß die Tür hinter dem Besucher ins Schloß fiel, wird zum Zeichen für das dahingefallene Leben, und nachdem das Gedicht in den ersten fünf Versen mit der verborgenen metrischen

Stütze des Jambus die Frage nach dem Inhalt der Vergangenheit gestellt hat, fällt die Klage ein und macht sich bis ans Ende in einem ungebundenen Parlando geltend, gleichsam atemlos, die Klage, warum Zeit eben diesen Charakter hat, daß nur immer verlorenes Leben zurückbleibt.

Es ist das einzige unter den Gedichten Bonhoeffers, das diesen Ton anschlägt. Das Klagen, so sagten wir schon, war nicht die Sache dieses Gefangenen. Den Wunsch, daß Vergessen vergönnt sei, da Besitzen versagt ist, könnte auch ein stoischer Weiser des Altertums formuliert haben. Bonhoeffer hat das empfunden. Er macht im Begleitbrief den Freund darauf aufmerksam: »im vorliegenden Versuch kommt alles auf die letzten paar Verse an« (WEN 350). Den Tag lang hatte er getrauert, getrotzt und gezürnt, daß immer ein rauher Windstoß gerade das am gründlichsten wegfegt, was den tiefsten Zauber gelebten Lebens ausmacht, den Duft der Dinge, der Blüten, seinen Gruß und sein Lächeln. Und er hatte das schöne Lebendige, nur weil es vergänglich ist, sogar titanisch hassen gelernt wie Faust am Osterabend, der zuletzt noch die Geduld verflucht, sie, die Bewegung unseres Herzens, die Vergehen aushält.

Die letzten Verse finden eine Antwort aus neuer Perspektive. Die Nacht hat dem Gefangenen im Schlaf Vergessen, im Traum Erinnerung gebracht. Erwachend erschrickt er vor neuem Verlust. Aber das Erlebnis läßt ihn nicht los. Er deutet es als Christ und erkennt den Auftrag der Geschichte: in Gott kann Vergangenheit bewältigt und für Zukunft, die er schenkt, fruchtbar gemacht werden.

Dieser Schluß kommt überraschend. Am Ende eines Gedichtes, das einen so abstrakten Gegenstand wie die Zeit in Bilder umsetzt und in Anrufen moderner Ich-Not beschwärt, fühlt sich der Leser durch Begriffe vergewaltigt, die wie Versatzstücke wirken. Es spricht nicht mehr der Dichter, sondern ein Verfasser von Kirchenliedern, der bei seiner Gemeinde mit dem Verständnis ungedeuteter Chiffren rechnen kann. Freilich ist der Gedanke, daß Dank und Reue, Hoffnung auf Vergebung und Vertrauen in neue Güte am Grabe der Zeit ihre rettende Rolle leisten, jedem Christen unbestreitbar und dem Heiden nahe. Aber seine poetische Umsetzung ist hier nicht gelungen. Bonhoeffer meinte selbst, diese letzten Verse seien zu kurz geraten. Aber es hätte seinen Verdacht, nicht seine Freude erregen müssen, daß sie »seltsamerweise wie von selbst zu Reimen wurden«. Die gereimte Versöhnung folgt dem eruptiv hervorgeschleuderten Protest gegen den grausamsten

Zwang des Daseins zu schnell auf dem Fuß. Bonhoeffer war auch darin schlecht beraten, daß er an diesem Gedicht, dem »Einfall von ein paar Stunden« beklagt, es sei »ungefeilt« geblieben. Gerade der impulsiv-spontane, expressiv-unbekümmerte Fluß und die harten rhythmischen Sprünge machen es ja reizvoll. Einem »Feilen« wären am Ende auch kühne unvertretbare Bilder zum Opfer gefallen wie jenes vom Angesicht, den Händen, der Gestalt des Lebens, das einen warmen Atem in die Morgenkühle verhaucht, einem Bild, in dem sich der Eindruck von seiner jungen Geliebten, die ihn gerade nach ihrem ersten Besuch verlassen hat – »die Tür fiel ins Schloß« – mit dem Thema des Gedichts verbindet.
Wir haben diesen Versen nicht eine allgemeine Sentenz und auch nicht eine allgemeine Betroffenheit zu entnehmen, wie sie der Königssohn Buddha beim Anblick des kranken Bettlers erlebte: so steht es mit uns allen, der Verfall des Lebens ist gewiß. Buddhas Bettler war ein Beispiel für viele. Der gefangene Bonhoeffer ist das Beispiel selbst. Und wir kennen das Leben, dessen Hingang er beklagt: das bestürzend reichhaltige Leben eines frühgereiften, musisch hochbegabten und geistig sensiblen Mannes von noch nicht vierzig Jahren. Schließlich wüssen wir »Vergangenheit« vor dem Hintergrund der Lagerbaracke von Flossenbürg lesen, wo Dietrich Bonhoeffer schon zehn Monate später, ohne diese Klage wiederholen zu können noch wiederholen zu wollen, sein Leben, das ihm kostbar war, hingab.
In dem letzten Buch, das er uns hinterließ, seiner unvollendeten »Ethik«, hat er ausdiskutiert, was für ihn Geschichte war. Sie trägt das doppelte Gesicht von Erbe und Verfall. Ist in unserm Gedicht, ganz auf die persönliche Geschichte beschränkt, der Verfall im Blick, so wird dort die Wirklichkeit des erneuerten Lebens beschrieben. Es läßt Vergangenheit nicht verfallen, wie die Abendsonne ins Meer sinkt, sondern nimmt sie an im Bekenntnis, daß sie nicht nur Verhängnis, sondern für uns Schuld ist. So kann sie Erbe werden, das heißt, Gewinn tragen. Wo sie so erkannt ist, »verlangt man vom Leben keine Ewigkeiten, dort nimmt man vom Leben, was es gibt, nicht alles oder nichts, sondern Gutes und Böses, Wichtiges und Unwichtiges ... dort begnügt man sich mit der bemessenen Zeit«. Das ist, hier breit ausgeführt, auch die Antwort der Verse, mit denen unser Gedicht schließt. Es ist das schroffeste Zeugnis der Anfechtung Bonhoeffers. Und die Anfechtung des Wissenden wiegt schwerer.

Das war die Zeit der nicht endenden Luftangriffe der Alliierten. Halb Berlin fiel damals, fast ein Jahr vor dem Kriegsende, in Trümmer. Das Tegeler Gefängnis litt jedoch kaum Schaden, und Bonhoeffer durfte erfahren, daß es auch dem Elternhaus in Charlottenburg so erging. Die Ohnmacht der Menschen bewegte ihn in diesen schrecklichen Tagen, ihn, der als Gefangener selbst doppelt ohnmächtig war.

Das ist ein Text für Meditationen: unausschöpfbar wie ein Stück Natur, das uns in begnadeter Stunde durchsichtig wird, Weisheit gleichsam, weil sie Wahrheit wurde im Erleben des gefangenen Dichters in der »langsam schleichenden Stunde des Tages«. Hölderlins späte Hymnen sind nicht fern, »Patmos« und »Abend der Zeit«, »Der Einzige« und »Brot und Wein«, ein Sonntag der Seele.

Was den Gefangenen beschwerte und am Tage, als die geliebte Frau zum ersten Mal bei ihm war und wieder gehen mußte, zur Klage über das ihm geraubte Leben hinriß, kam in abgeklärter Feierlichkeit zur Ruhe. Der Blick ist von den eigenen Sorgen fort auf das gerichtet, was alle immer anging und angeht, die ehernen Gesetze des Lebens, die sich dieser Generation im Zusammenbruch der bürgerlichen Welt und des deutschen Traums von Größe und Herrschaft, dem erregenden Ereignis jener Tage, unerbittlich bewähren.

Ist es ein Christ, der hier spricht, oder ein Nachfahre griechischer Seher? Bonhoeffer gelingt es, sein christliches Bekenntnis bruchlos umzusetzen in das Humanum, dem er dient. Daß nur ein Christ so sprechen kann, verbergen die Worte unter ihrer glanzlosen Gültigkeit und ihrem zurückhaltenden Gang. Aber es ist dennoch eine erregende theologische Aussage. Wir lesen das Gedicht in seiner dreifachen Beziehung. Es meint das unverstandene Schicksal der Deutschen jener Tage, das Schicksal des Dichters selber und, beides überhöhend, jene Frage, die der Menschheit immer gestellt ist: Spüren wir es nicht alle an jenen Nahtstellen, Einbrüchen, Erschütterungen des Daseins, seien sie schöpferischer oder verderblicher, hinauftragender oder zerstörender Natur, daß wir in Frage gestellt werden? Von woher aber kommt die Frage? Im Glück wie im Unglück rührt den Menschen ein Transzendentes, »Überirdisches«

an. Er kennt die Beseligung des Glücks wie seine seltsame Sucht nach Unglück. Das irdische Schauspiel ist verwirrend: in der Vernichtung ahnen wir den Segen des Nullpunkts, in der festlichen Einkehr des Glücks die schreckliche Größe eines Segens, für den wir zu klein sind. Die Zeit allein ist Richterin. Wer vermag Unglück, das zum Alltag wurde, lange zu ertragen? Eben der Gefangene muß es stellvertretend leisten. Gott besucht ihn in der Gestalt der Treue. Aber ist es nur die Treue der anderen, die für Gott durchlässig wird, die Treue der Besucher, die die »Eintönigkeit des altgewordenen Unglücks nicht schreckt«? Oder tritt er auch selbst, der Schreiber dieser Verse, an den Ort dieser Frage?

Als Bonhoeffer dieses Gedicht aus dem Gefängnis schickte, versah er es nicht mit einem begleitenden Brief. So bleibt ein Rest. Wir können es nicht in allen Punkten in seine Situation einordnen. Aber es fügt sich in die Gedanken, die er an anderen Stellen zum Thema Glück notierte. Es ist bezeichnend, daß er gerade im Gefängnis um eine Ehrenrettung dieses Begriffes bemüht war. Schon ein paar Wochen nach seiner Einlieferung hatte er damit begonnen, die Geschichte zweier Familien zuerst in der Form eines Schauspiels, alsdann in einem Roman zu gestalten, deren Fragmente noch der Veröffentlichung harren. Unter dem 18. November 1943 schrieb er an den Freund, es ginge ihm um »eine Rehabilitation des Bürgertums, wie wir es in unseren Familien kennen, und zwar gerade vom Christentum her« (WEN 148). Dieses Thema wirft Fragen auf, denen wir noch begegnen werden. Hier ist uns dieser literarische Versuch neben den Gedichten wichtig, weil er ein Gespräch über das Glück enthält, in dem sich Bonhoeffer wiederum als ein sehr eigenwilliger Christ erweist.

»Vor allem aber«, läßt er den Vertreter der älteren Generation zu den Jungen sagen, »hütet Euch, leichtfertig über das Glück zu sprechen und mit dem Unglück zu kokettieren. Das ist gegen die Natur, gegen das Leben, gegen den Menschen, wie er geschaffen ist und als armer Sünder sein Leben fristet und nach dem Glück als dem kleinen Zeichen der Freundlichkeit Gottes verlangt. Es ist nicht so leicht, unglücklich zu sein, wie Ihr wohl denkt, und wer es wirklich ist, der verachtet und schmäht den Glücklichen nicht. Gewöhnt Euch nicht . . . an diese wilde und übermütige Sprache vom unglücklichen Menschen und glücklichen Haustier!« (GS III, 511).

So lange wurde es als eine christliche Tugend ausgegeben, das weltflüchtige Schielen nach dem Unglück. Bonhoeffer verbietet uns diese Haltung. Wir haben das Leben nicht erst schön und gut zu schaffen (E 227), es ist uns so vorgegeben in Gottes guter Schöpfung. Noch das Leben im Unglück ist für den reifen Menschen »voll Süße«. Aber niemand darf es suchen, es ist ein Akt »jäher Berührung« Gottes. »Das Unglück kommt von selbst oder besser – von Gott. Wir brauchen ihm nicht nachzulaufen! Unglücklich werden, das ist Schickung, aber unglücklich sein wollen – das ist Lästerung und eine schwere Erkrankung der Seele« (GS ebd.)

Wir dürfen bei diesen Sätzen, die den Hintergrund unseres Gedichtes erleuchten, nicht nur an die Geschichte christlicher Frömmigkeit und mißleiteten Heiligungsstrebens denken. Sie sind auch zeitgeschichtlich gemeint: sie treffen den Heroismus und seine Folge und Ursache, die Schöpfungsverachtung einer enthusiastischen und kämpferischen Jugend, die sich zum Werkzeug dafür machen ließ, Deutschland zu zerstören. Wenn Herrentum einen Sinn besitzt, so für Bonhoeffer nur diesen einen: andere Menschen glücklich machen zu dürfen, und Glück besteht in erster Hinsicht, sagt er an anderer Stelle, darin, »neben anderen Menschen zu leben und mit ihnen auszukommen« (GS III, 499).

Es war in diesem Jahre gewesen, daß er sich, schon fragend, was sich zuerst ereignen würde, der Umsturz oder seine Verhaftung, zu dem Menschen bekannte, neben dem er fortan leben, mit dem er Glück zu bewähren wünschte: Maria von Wedemeyer. Denn Bonhoeffer hat in seinem Unglück und dem Unglück der Nation nicht den Weltuntergang gesehen. Er hat nicht fanatisch an sein Unglück geglaubt wie andere damals an den Tod, sondern »die Stunde der Treue« erfahren in der Treue seiner Braut, der Eltern, des Freundes, des Bruders Klaus, der ihm dann in Gefangenschaft und Sterben folgte. Was Menschen Menschen geben können, wenn sie zueinander stehen, hatte für Bonhoeffer, diesem Genie der Freundschaft, »überirdischen Glanz«. Erst in der Einsamkeit wäre Unglück vollkommen. Es war schon ein Jahr her, daß Bonhoeffer seine »Traupredigt« aus der Zelle versandt und hier von dem Jubel gesprochen hatte, daß Menschen so große Dinge tun können wie eine dauernde Verbindung eingehen (WEN 53). Jetzt war er ein Jahr mit Maria verlobt, und sie hatten sich noch nicht eine einzige Stunde lang allein gesprochen. Alle Heiratspläne werden »bis Kriegsschluß« verschoben. Aber er hat früher nicht gewußt, »was in der kalten Luft der Gefangenschaft die Wärme, die von der Liebe einer Frau und einer Familie ausgeht, bedeutet« (ebd.).

Das Wagnis der Ehe ist ein Schritt zur Bejahung der Erde und ihrer Zukunft, und das Verlangen nach irdischer Glückseligkeit »hat sein Recht vor den Menschen und vor Gott« (ebd.). Wir könnten auch mit Bonhoeffer schärfer sagen, irdisches Glück habe sein Recht *in* Gott, *durch* Gott, und das erst ist der Schlüssel zu unserm Gedicht. Glück wie Unglück kommen, scheinbar »ungeschieden«, aus Gottes Hand. Was der Mensch als »groß und schrecklich« erfährt, dieses wie jenes ist durch den Segen dieser Hand verbunden. »Einige seiner Kinder segnet Gott mit Glück; er läßt ihnen alles gelingen . . . Andere seiner Kinder segnet Gott mit Leiden bis zum Martyrium. Gott verbündet sich mit Glück und Unglück, um Menschen auf seinen Weg und zu seinem Ziel zu führen . . . Glück und Unglück kommen zu ihrer Erfüllung in der Seligkeit dieses Zieles: wir in Gott, Gott in uns« (GS IV, 591). Das sind Sätze aus der Pfingstpredigt des gleichen Jahres, wenige Wochen zuvor in der Zelle geschrieben.

Wer fragt nicht, was gerade dem Gefangenen die Kraft gab, dieses Bekenntnis gegen die alte Schicksalsfrage zu stellen: Warum denn aber diesem das Glück und mir das Unglück? Lag sie nicht vom Anfang des Gedichtes her nahe? Nicht nur sein orphischer Stil, auch diese Frage wird verständlich, wenn wir wissen, daß Bonhoeffers Lektüre in diesen Tagen Walter Friedrich Ottos 1929 erschienenes Werk »Die Götter Griechenlands« war. Hier wurde die Ablösung des rationalen homerischen Weltverständnisses von der magischen Religion zum ersten Mal in der Forschung durch den Verzicht darauf plausibel gemacht, die Götter mit christlichen Maßstäben zu messen. Ihre Macht unter den Menschen ist eben nicht unbeschränkt, sondern durch das erbarmungslos von den Moiren verhängte Schicksal begrenzt. Die Absolutheit des Schicksals, das absolut Gute des Glücks, das absolut Böse des Unglücks werden behauptet. Dem setzt als das Ergebnis seiner Auseinandersetzung Bonhoeffer den zarten Hinweis seiner Schlußverse entgegen: schon Menschenkraft vermag das, was ursprünglich in Gott eins war, dann aber im Menschenleben zu Gegensätzen, unableitbar als absolutes Glück und »des Unglücks wahrer Gestalt«, auseinanderfiel, wiederum zusammenzufügen. Denn was wäre in liebender Treue des Mitmenschen »verklärtes« Unglück anderes als neues Glück, durch die Tiefen des Unglücks geschrittenes Leben, dem Gottes »unfaßbar erregende« Gaben wieder »kaum unterscheidbar nah« sind?

Der Vordergrund ist den Psychologen überlassen. Die Tiefe des Menschen entzieht sich. Er wird sich selbst zum Rätsel. Die Zelle hat Pritsche, Wandbrett, Schemel und Kübel, die Bohlentür ein Loch, durch das man nur von außen nach innen blicken kann, nicht umgekehrt. Jeder Wärter kann jederzeit wissen, woran er mit diesem Gefangenen ist. So einfach sind die Umstände. Wenig Gefangene im Haus sind so gut bekannt wie er. Aber sich selbst ist er ein Widerspruch. Er kennt einen Menschen, den die anderen nicht kennen. Und dieser Mensch ist nicht zusammenzubringen mit dem, den der Wärter durch sein Loch in der Bohlentür sieht, dem die Gefangenen auf dem Hof, im Krankenrevier, als Sanitäter beim Fliegeralarm begegnen.
Dietrich Bonhoeffer hat dieses Gedicht zusammen mit dem folgenden einem der großen theologischen Briefe, dem vom 8. Juli 1944, beigefügt, die noch heute die Fakultäten beschäftigen. Es legt einen einzigen der reichen Gedanken dieses Briefes mit seiner eigenen Person aus. Es bewährt das biblische Menschenbild an der Erfahrung des Gefangenen. Bin ich der, den sie von außen sehen, oder der, der sich selbst in seinem Innern ganz anders kennt? »Die Bibel kennt unsere Unterscheidung von Äußerem und Innerem nicht . . . Es geht ihr immer um den *ganzen* Menschen, auch dort, wo, wie in der Bergpredigt, der Dekalog ins Innerlichste vorgetrieben wird«, nicht einmal da also, wo wir von der Tat auf die Motive zurückfragen. »Daß eine gute ›Gesinnung‹ an die Stelle des ganzen Guten treten könne, ist völlig unbiblisch. Die Entdeckung der sogenannten Innerlichkeit wird erst in der Renaissance, wohl bei Petrarca, gemacht. Das ›Herz‹ im biblischen Sinne ist nicht das Innerliche, sondern der ganze Mensch, wie er vor Gott ist. Da der Mensch aber eben so sehr von ›außen‹ nach ›innen‹ wie von ›innen‹ nach ›außen‹ lebt, ist die Meinung, ihn in seinen intimen seelischen Hintergründen erst in seinem Wesen zu verstehen, ganz abwegig« (WEN 379).
Das Gegeneinander und Ineinander der zwei Existenzen ist ihm psychologisch nicht ergründbar. Schon in den ersten Monaten der Gefangenschaft hatte Bonhoeffer das verwundert so stehen lassen müssen: »Ich frage mich selbst oft, wer ich eigentlich bin, der, der unter diesen gräßlichen Dingen hier immer wieder sich windet und

das heulende Elend kriegt, oder der, der dann mit Peitschenhieben auf sich einschlägt und nach außen hin (und auch vor sich selbst) als der Ruhige, Heitere, Gelassene, Überlegene dasteht und sich dafür (d. h. für diese Theaterleistung, oder ist es keine?) bewundern läßt« (WEN 181f). Der Dichter erkennt: die psychologische Prüfung führt nicht aus der Entzweiung heraus. Denn ihre Methode selbst steht schon unter dem Gesetz der Entzweiung.

Psychologisch mag es so sein, wie das Gedicht es beschreibt, und die psychologische Prüfung könnte wohl meinen, die Gründe dafür zu erkennen. Sie glaubt die Maßstäbe für Richtig und Falsch, Gut und Böse in der Hand zu haben, aber für den Christen ist in Jesus die Einfalt des neuen Lebens angebrochen, hatte Bonhoeffer in der Ethik (E 41) geschrieben, und das heißt, Gut und Böse sind nicht mehr in seiner Hand. Er hat diese Erkenntnis, die Adam an sich riß, wieder an Gott zurückgegeben und sucht die Einheit mit seinem immer neu lebendigen Willen, nicht die abstrakten Maßstäbe. Er mag psychologisch kompliziert sein wie er will – und das ist Bonhoeffer ohne Zweifel gewesen –, und was Gott mit ihm vorhat und von ihm will, mag ihm oft sehr dunkel sein, sein Verhalten mag sich den Menschen und ihm selbst höchst disparat darstellen: auch die Erkenntnis seiner selbst muß der Christ fortgeben. Hinter allem wird die Psychologie eine letzte Reflexion, eine letzte Unfreiheit, eine letzte Entzweiung aufdecken, und Bonhoeffer hat diese Arbeit, wie wir sehen, schonungslos an sich geleistet. Aber das ist es nicht. Wer wären wir, wenn wir uns wirklich kennen würden? Der Christ hat Boden unter den Füßen, weil Gott ihn kennt. Nur in ihm ist die Einheit unserer Widersprüche.

Der Mensch Bonhoeffer ist eben dieser Widerspruch. Wir müssen das so stehen lassen. Er läßt es selbst so stehen. Ihm war das Wort »Haltung« immer lieb und er sprach gern von der »freien Haltung« des Glaubens. Er wollte im Gefängnis den schmalen Weg und die Haltung wählen, »jeden Tag zu nehmen, als wäre er der letzte, und doch in Glauben und Verantwortung so zu leben, als gäbe es noch eine große Zukunft« (WEN 25). Daß das keine Fassade war, hat sein Leben und Sterben erwiesen. Er rückt uns nur näher, wenn wir wissen, aus welchen Ängsten und Zweifeln sich diese Haltung erhob. Nur lehnte er es ab, sie endlos zu hinterfragen. Sie unter einer bestimmten Pegelmarke zu halten, ist ihm eben Haltung. Seine Haltung hat ihm die Autorität verschafft, die er bald in der Haftanstalt besaß.

Sie war nicht nur Ergebnis christlicher Disziplin, sondern auch Erbschaft familiärer Tradition und Erziehung. Die Bonhoeffersche Großfamilie verlangte Haltung von ihren Gliedern und hat sie, auch sie, in schwerem Leid und freier Hingabe bewährt. Von welchem Grunde aus sie sich in widriger Lage erhebt, ist ein Punkt der Verwunderung. Aber muß es beredet werden? »Haltung, was heißt das eigentlich? . . . Man kennt sich weniger denn je über sich selbst aus und legt auch keinen Wert mehr darauf, und der Überdruß an aller Psychologie und die Abneigung gegen die seelische Analyse wird immer gründlicher. Ich glaube, darum ist mir Stifter und Gotthelf so wichtig gewesen. Es geht um Wichtigeres als um Selbsterkenntnis« (WEN 182), so hatte er schon im Jahr zuvor geschrieben. Wir ahnen, wie fremd er damit in einer Zeit steht, für die das menschliche Bewußtsein die letzte Wirklichkeit ist. Wurde Stifters »Nachsommer« zum Traum dieses Gefangenen, wie der Roman selbst die Wunschvision jenes Lebens in Freiheit und Schönheit wäre, das der Beamte Stifter entbehrte, das Rosenhaus der Sehnsuchtstraum eines erniedrigten Schulmeisters? So eben wie die gängige Literaturkritik hat Bonhoeffer seinen Stifter nicht verstanden. Er schätzte an ihm die vornehme Objektivierung der Welt: daß er die Verhüllung respektiert und den Menschen nur behutsam von außen, nicht von innen her betrachtet; daß ihm die Neugierde so fremd ist; daß er der größere Welt- und Menschenkenner ist, weil er kein Psychologe war.

Und darum ist unser Gedicht so erstaunlich. Tut Bonhoeffer hier nicht gerade das, was ihn so abstößt, indem er seine Angst, seinen Zorn, seine Müdigkeit, seine Armut preisgibt? »Wahrhaftigkeit heißt eben doch nicht, daß alles, was ist, aufgedeckt wird. Gott selbst hat den Menschen Kleider gemacht, d. h. in statu corruptionis sollen viele Dinge im Menschen verhüllt bleiben, und das Böse, wenn man es schon nicht ausrotten kann, soll jedenfalls verhüllt werden; Bloßstellung ist zynisch« (WEN 177). Aber der Zyniker treibt das Geschäft der Entzweiung. Bonhoeffers Verwunderung über das Ergebnis seiner Selbstprüfung kann so bohrend sein, weil ihm die Einheit seiner Person in Gott vorgegeben ist. Seine Wirklichkeit und sein Erkennen unserer Wirklichkeit ist größer als unser Bewußtsein. Unsere Schwächen sind wahr, unsere Stärke ist wahr in ihm. Unser Fragen verspottet uns.

Zum ersten Mal mit diesen Versen, vielleicht die ersten aus dem Juni 1944, spricht Bonhoeffer offen die Sache an, die ihn in dieses Leiden brachte und der Grund für die Not der Gefangenen ist. Durch die Wände seiner Zelle hört er, schlaflos auf dem Lager, ihre Stimmen wie die von Gespenstern, Geistern, Zeugen ihrer unfaßbaren, blutigen Kämpfe und Leiden und unerhörten Perversionen, während draußen vor dem vergitterten Fenster, ebenso unwirklich-wirklich, die Sommernacht Stunde um Stunde den Duft ihres ganz anderen Lebens verströmt. Sie ist gesehen als das Symbol von Schönheit, Heil und Hoffnung, als die unverbrüchlich andere Welt, die es zu erwarten gilt.
Bonhoeffer hatte in diesen Wochen Dostojewskijs »Aufzeichnungen aus einem Totenhaus« gelesen und er hatte es längst wie dieser Dichter erlebt, daß unter dem Druck einer zum Alltag werdenden Ausnahmesituation alle Lebensvorgänge ein Übermaß an Bedeutsamkeit erlangen. Er hatte mit ihm erkannt, daß es eine Gemeinschaft zwischen denen gibt, die die Gesellschaft untauglich machen will und denen, die die Strafe verhängen und vollziehen, die Gemeinschaft der entwürdigenden Zwänge. Hier aber, einsam nachts, löst er sich ab vom Alltag des Gefängnisses und wird wach für die Schreie der Seelen, die es ungehört erstickt. Zuerst berichtet er von dem, was er hört; dann aber bietet er die Stimme direkt in einem Oratorium, einem chorischen Gefüge, in dem die Stimmen der Klagenden immer offener in die der Anklagenden übergehen. Dann läutet die Mitternacht die Stunde des Gerichts ein. Kündet das Glöcklein nur die Wende dieses Tages zum nächsten oder läutet es nicht vielmehr die neue Weltzeit, da das Böse wieder als der Böse benannt wird, da die Erde wieder blüht und der Mensch in Freiheit gedeihen darf?
Aber die Vision erlischt. Der Gefangene fällt auf sein Lager zurück. Noch ist die Wirklichkeit Finsternis. Wie lange soll die Nacht noch dauern? Dann hört er die Nacht selber sprechen und sich verteidigen. Ja, Nacht und Tag sind gut erschaffen, die Schuld ist das Stichwort. Könnte doch das Unaussprechliche endlich ausgesprochen werden, was an Menschen verbrochen wurde in diesen Tagen des Hitler-Regimes: die Verklagten verklagen die Kläger vor Got-

tes Thron. Der Chor ist stumm. Denn niemandem im Gefängnis ist das freie Wort gegönnt. Aber nachts schreit es durch die Wände.
Bonhoeffer sieht hier das Problem, das uns nach dem Kriege so lange beschäftigt hat: die Schuld der Unschuldigen, die Mitschuld der Mitläufer, die Schändung der Armen im Geist. Ein ganzes Volk, ein Volk frommer Tradition, die Fleißigen und Getreuen, die Ordnungsliebenden machte Hitler zu Mittätern: sie mußten seinen Frevel am Heiligen und an der Wahrheit sehen und verstummen, sie lernten lügen und sich fügen. Jetzt in der Nacht haben sie dennoch ihre Stimme. Der Dichter möchte sie entbinden: wenn sie nur sprechen könnten, sie müßten sich freisprechen können vor den Menschen.

Es ist nicht unangebracht, davon zu sprechen, daß Dietrich Bonhoeffer mit diesen Versen dem Geist eine Bahn brach, der nach dem Kriege – gewiß unter viel zweifelhaften Argumenten, die in den Verhandlungen darum mitliefen – der Kirche das sogenannte Stuttgarter Schuldbekenntnis diktierte: »Wir klagen uns an, daß wir nicht mutiger bekannt, nicht treuer gebetet, nicht fröhlicher geglaubt und nicht brennender geliebt haben.« Vor Menschen können sich die, die ihr Urteil in Tegel erwarten, weil sie an irgendeiner Stelle dem Bösewicht Nein gesagt haben, freisprechen, vor Gott will es Bonhoeffer nicht tun. Der Chor kann nur inständig bitten, Gott möge Geduld üben, Bewährung, den Sturm stillen, bis neue Zeiten bereitet sind.

Aber während schon das Morgenlicht durch die Luke schimmert, die Bonhoeffers Zelle in Kopfhöhe besaß, während ein leiser Wind schon den neuen Sommertag begrüßt, vernimmt der Gefangene die Schritte des Wächters auf dem Gang. An der Nachbarzelle machen sie Halt. Ein Gefangener wird abgeführt: die Stimme hat das Urteil verlesen. »Fasse dich, Bruder, bald hast du's vollbracht«: der Leser kennt das Wort aus der Passionsgeschichte. Dem, der zurückbleibt, gilt es, zu leben für den, der im Leiden vorangeht.

Bonhoeffer hat dieses großangelegte Gedicht für »nicht so schlecht« gehalten. Er wollte es dem Freunde nicht aus dem Gefängnis im Brief hinausschmuggeln, sondern »einmal extra« schicken oder selbst übergeben. Noch ahnte er nicht, daß sich seine Lage in Kürze außerordentlich verschlechtern würde, noch besaß er die Hoffnung, im Morgengrauen nicht abgeholt zu werden. In keinem Gedicht hat er so deutlich wie in diesem die Gedankenwelt gedeutet, die den Gefangenen erfüllte. Aber er wendet sich nach

vorn, in den Morgen hinein. Die Nacht wird weichen und Gottes Wille wird »Wunder tun«. Das Böse ist nur eine Maskerade, die Wahrheit muß ans Licht treten. Er denkt an die Zeit nach dem Kriege. Für sie gilt es diese Tage fruchtbar zu machen. Als das Gefängnis im Bombenhagel der Alliierten vom Toben der Gefangenen in ihren Zellen widerhallte, mochte sich Bonhoeffer erinnern, was er zur Jahreswende 1942/43 geschrieben hatte: »Es bleibt ein Erlebnis von unvergleichlichem Wert, daß wir die großen Ereignisse der Weltgeschichte einmal von unten, aus der Perspektive der Ausgeschalteten, Beargwöhnten, Schlechtbehandelten, Machtlosen, Unterdrückten und Verhöhnten, kurz der Leidenden sehen gelernt haben. Wenn nur in dieser Zeit nicht Bitterkeit oder Neid das Herz zerfressen hat, daß wir Großes und Kleines, Glück und Unglück, Stärke und Schwäche mit neuen Augen ansehen, daß unser Blick für Größe, Menschlichkeit, Recht und Barmherzigkeit klarer, freier, unbestechlicher geworden ist, ja, (daß wir lernten,) daß das persönliche Leiden ein tauglicherer Schlüssel, ein fruchtbareres Prinzip zur betrachtenden und tätigen Erschließung der Welt ist als persönliches Glück. Es kommt nur darauf an, daß diese Perspektive von unten nicht zur Parteinahme für die ewig Unzufriedenen wird, sondern daß wir aus einer höheren Zufriedenheit, die eigentlich jenseits von unten und oben begründet ist, dem Leben in allen seinen Dimensionen gerecht werden, und es so bejahen« (GS II, 441).
Im November des Vorjahres stand auf einem Zettel von ihm: »Darum müssen wir das, was wir erleben, wirklich in uns bewahren, verarbeiten, fruchtbar werden lassen und es nicht von uns abschütteln. Noch nie haben wir den zornigen Gott so handgreiflich zu spüren bekommen, und auch das ist Gnade . . . Die Aufgaben, denen wir entgegengehen, sind ungeheuer; für sie sollen wir jetzt vorbereitet und reif gemacht werden« (WEN 164f).
Die Betroffenheit des nächtlichen Lauschers, die Audiovision des schweigend-beredten Hauses mit seinen vielen unruhigen Schläfern und angespannt lauernden Wächtern, die Schau einer Nacht, die sich zur Weltnacht, zu Gericht und Ende der Zeiten weitet, um in Bekenntnis des Ungeheuerlichen und Trost für die Todgeweihten auszumünden, dieser gewaltige Bogen der Gedanken ist beglaubigt durch die Existenz dessen, der sie notiert, aber nicht vollkommen zu Dichtung geworden, die Umsetzung nicht makellos gelungen. Vor allem der Anfang ist unglücklich durch den erzwungenen

Reim und sprachliche Klischees. Wir vollziehen die Situation, aber sie ist nicht Wort geworden. Es ist, als probiere der Dichter noch seine Mittel. Erst mit der dritten Strophe findet er dann Stück für Stück seinen Atem, und im gleichen Maße wächst die Überzeugungskraft des Gedichtes gegen Mitte und Ende hin. Je einfacher die Sprache wird, je weniger sie nach Bildern sucht, je scheinbar unbekümmerter die wechselnden Rhythmen dahinströmen, je klarer die bohrende dies-irae-Stimmung hervortritt, um so müheloser nehmen wir teil an dem Austausch zwischen Gegenwart und Zukunft, Not und Freiheit, Elend und Herrlichkeit, um den es Bonhoeffer geht. Hier mag die Frage sein, ob er noch hätte feilen müssen, oder ob ihm, dem Wissenschaftler und Seelsorger, dem engagierten Zeitgenossen und politischen Gefangenen auf unbestimmte Zeit, die sprachliche Kraft fehlte, einer großen Vision wie dieser im Gedicht Ausdruck zu geben. Unbestreitbar aber bleibt die Dynamik dieser Rede und die geistige Kraft Bonhoeffers, die Leiden, Ängste und Hoffnungen dieses Stückes menschlich-unmenschlicher Welt, der Tegeler Haftanstalt, in seine Seele zu ziehen, sich in sie hineinzulieben, sie auszusprechen, so daß sie noch heute eine Mahnung sind. Was haben wir aus diesen Hoffnungen gemacht?

Sicher wenig aus der einen, die sich hier in der Bitte ausspricht, es möchte uns nach diesem Kriege gegeben sein, dem Worte Gottes Wege zu bauen, »soweit die Augen schauen«. Bonhoeffer hat sich mehrmals in diesem Sinne ausgesprochen: »Daß wir die grauenhaftesten Dinge des Krieges jetzt so intensiv erleben müssen, ist, wenn wir sie überleben, für später wohl die notwendige Erfahrungsgrundlage dafür, daß nur auf dem Boden des Christentums ein Wiederaufbau des Lebens der Völker im Inneren und Äußern möglich ist« (WEN 164). Er hat von seiner Generation eine viel tiefer gehende Besinnung, eine gründlichere Verarbeitung der Irrtümer und Verbrechen des Hitlerregimes erwartet, als wir sie geleistet haben. Andererseits hat er wohl sehr genau gewußt, was gerade in Deutschland einer solchen Umkehr im Wege stehen würde: ein Christentum, das in weiten Kreisen Hitler hingenommen hatte.

Auf die knappest denkbare Formel gebracht, unerhört eindringlich durch die karge Wortwahl, die Parallelität der Versglieder und die Monotonie der zwei einzigen, dreimal wiederkehrenden Reime geben diese drei Strophen eine Summe der Bonhoefferschen Theologie. Der Stil lehrt genau auf das Wort achten, weil sich die Wörter so wenig unterscheiden. Gedankenlyrik, in die nichts Persönliches eingebracht scheint. Und doch ist ausgesprochen, was Bonhoeffer am Leben erhielt. Die mittlere Strophe bietet die ihm eigentümliche, uns immer noch beschäftigende Wendung christlichen Glaubens.

Das erste ist der alte Weg aller Religionen, noch immer hoch im Schwange: Gott, der unsere Wünsche befriedigt. Hatte Ludwig Feuerbach wirklich nur Unrecht, wenn er ihn darum auch für das Erzeugnis unserer Wünsche hielt? »Der Mensch glaubt an Götter«, schrieb er, »weil er den Trieb hat, glücklich zu sein. Er glaubt ein seliges Wesen, weil er selig sein will; er glaubt ein vollkommenes Wesen, weil er selbst vollkommen zu sein wünscht; er glaubt ein unsterbliches Wesen, weil er selbst nicht sterben will.« Der Bonhoeffer, der diese Verse schrieb, hielt Religion für eine »geschichtlich bedingte und vergängliche Ausdrucksform des Menschen« (WEN 305). Unser Gedicht nennt dies eben heidnisch: diese bedingte Ausdrucksform absolut nehmen. Aber Christen sitzen da mit den Heiden im gleichen Boot, sofern sie von Gott nichts wissen, als daß er gebeten sein will um das, was der Mensch braucht.

Religion, die sich dem Gott zuwendet, der Wünsche befriedigt, hat drei Kennzeichen: sie ist metaphysisch, innerlich und partiell. Das heißt, sie siedelt Gott in einem Jenseits an, sie läßt Gott vor allem für das Heil der Seele sorgen und sie spart ihm einen abgesonderten Raum aus, den Raum des Heiligen in der Welt. Gott wird an den Grenzen der Welt, des Menschen und seiner Erkenntnis eingesetzt, der Allmächtige als »Lückenbüßer« für die Schäden der Welt, als Vormund des unmündigen Menschen, als Gegenüber unserer Ohnmacht verstanden. Darauf lassen wir uns alle, alle ein, Christen und Heiden. Wir werfen Gott unsere Wünsche vor die Füße. Wir sind tief religiös.

Aber wie, wenn es mit dieser Religion vorbei ist, mit aller Religion,

fragt die zweite Strophe? Ist Gott wirklich ganz anders, wenn er für mich doch Allmacht ist, Superlativ der Macht, die auf Erden herrscht? Wie, wenn Religion nicht nur ein zeitbedingter Ausdruck des Menschen, sondern dieser so verstandene Gott schon immer eine Illusion war? »Die Religiosität des Menschen weist ihn in seiner Not an die Macht Gottes in der Welt«, schrieb Bonhoeffer in den Tagen der Abfassung dieses Gedichtes, »Gott ist der deus ex machina. Die Bibel weist den Menschen an die Ohnmacht und das Leiden Gottes; nur der leidende Gott kann helfen« (WEN 394).
»›Könnt ihr nicht eine Stunde mit mir wachen?‹, fragt Jesus in Gethsemane. Das ist die Umkehrung von allem, was der religiöse Mensch von Gott erwartet. Der Mensch wird aufgerufen, das Leiden Gottes an der gottlosen Welt mitzuleiden.« Nicht erst im Gefängnis hatte Bonhoeffer die Theologie des Kreuzes wiederentdeckt. Der Gedanke, daß uns die Bibel eben nicht den Gott zeigt, dessen Bild wir uns nach dem Maß unserer Frömmigkeit malen, sondern den, der schwach wird, um in den Schwachen mächtig sein zu können, begleitet ihn von früh an. Das Gefängnis ist nur die Bewährung dieses Glaubens. »Das ist die Torheit der Offenbarung Gottes und ihr paradoxes Wesen, daß gerade dort, wo die Kraft des Menschen völlig versagt hat, wo der Mensch um seine eigene Schwäche, Sündigkeit und infolgedessen um Gottes Urteil über ihn weiß, daß gerade dort Gott bereits in Gnade wirkt«, hatte er schon 1931 geschrieben (GS III, 109). Diese Offenbarung widerspricht der Religion und der Moral des Menschen, diesen beiden Zeugnissen seiner Stärke, und dem Weltbild, das so lange herrschte: es sah Gott als die Allmacht über einer von ihm mächtig regierten Welt thronen, in der sein Wirken jedermann so offenkundig ist, daß er es als gut erfährt und dieser Güte und Stärke moralisch nacheifern kann. Doch die Menschen haben diesen Gott und diese Welt verloren. Sie finden ihn nicht mehr und sie lernten, ihr Leben ohne ihn zu gestalten. Sie sind mündig geworden.
Aber ein Blick auf die Weltgeschichte zeigt, daß Gott niemals offenkundig für jedermann wirkte, sondern in der Geschichte verborgen war. Der Gott, den die Bibel meint, ist am Kreuz zu finden, im Inkognito seiner Schwäche, nicht in der scheinbaren Stärke menschlicher Ideen, gesellschaftlicher Entwicklungen, nicht in den Kreuzzügen und Gottesreichen und den ersten, zweiten, dritten Reichen der Eroberer, nicht bei den strahlenden Helden und glänzenden Heiligen. Gott ist nicht die Spitze unserer Ideale

und die Summe aller Macht, sondern wirklich der Andere und darum in dieser Welt schwach. Er leidet für sie, er erlöst sie durch Leiden.

Diesen Gott gilt es aufzusuchen. Anders als in seinem Leiden ist Gott nicht zu finden, sagt die zweite Strophe, und ihr letzter Vers sieht die Aufgabe des Christen mit unerhörter Kühnheit, indem er mit beiden Bedeutungen des Wortes »bei-stehen«, der übertragenen und der wörtlichen spielt: bei Gott in seinem Leiden stehen, wäre alsdann auch – so mochte es der Gefangene erleben – für ihn der vom Christen geschuldete Beistand. »Nicht der religiöse Akt macht den Christen, sondern das Teilnehmen am Leiden Gottes im weltlichen Leben. Das ist die metanoia, nicht zuerst an die eigenen Nöte, Fragen, Sünden, Ängste denken, sondern sich in den Weg Jesu Christi mithineinreißen lassen, in das messianische Ereignis« (WEN 395). In seiner Haft bestätigen sich Bonhoeffers Ahnungen, die ihn so lange schon begleiten, er liest die Bibel neu und entdeckt die Fülle ihrer Gestalten, denen allen gemeinsam ist, daß sie am Leiden Gottes in Christus teilhaben.

Aber wir können nur zu Gott gehen »in Seiner Not«, weil er voraus ist und »zu allen Menschen in ihrer Not« gegangen ist und geht. Weder der Versuch heidnischer und christlicher religiöser Bemühung noch der Glaube, der den Jesus vom Gethsemane-Garten, den Zeugen eines wirklich ins Diesseits hinabsteigenden Gottes, als unsern Beistand annimmt, bei dem wir zu stehen haben, bietet eine Methode, mit der der Pastor Bonhoeffer unter den armen schreienden Menschen des Gefängnisses und uns Gott zur Geltung bringen könnte. Hier ist kein Trick zur Hand, die Situation in Tegel zu bewältigen, nicht einmal für den Dichter selbst. Ganz unter den Leidenden als Leidender zu leben, in einer Welt, die keine religiösen Hilfen mehr bietet, den scheinbar abwesenden Gott als den in Wahrheit anwesenden nicht durch Worte, sondern durch das Leben zu bekennen, das war sein tiefstes Streben in den eineinhalb Jahren von Tegel. Allein diesen Weg sah er noch für die Christen. Aber er hat ihn nicht mehr beschreiben und seine Konsequenzen für die Kirche nicht mehr ausziehen können. Nur das wußte er – der letzte Vers sagt es: auf allen Wegen sind wir alle auf die Vergebung angewiesen. Und sie ist geschehen, umfassender als die Religionen und Konfessionen, die Pietisten und die Liberalen, die Frommen und die Gottlosen immer für möglich hielten; Gott hat schon das Brot zugeteilt im Sakrament des Kreuzes auf Golgatha.

Mit einem Schlage war die Situation für Bonhoeffer und die meisten seiner Freunde sehr kritisch geworden: der so lange geplante Aufstand, von dem er sich auch für seine eigene Lage alles erhoffte, war am 20. Juli 1944 unternommen worden und nach wenigen Stunden zusammengebrochen. Hitler gedachte anfangs, mit allen Verschwörern, die er für eine nur kleine mißleitete Clique hielt, kurzen Prozeß zu machen. Aber dann zeigten die sogenannten Zossener Akten, die am 20. September gefunden wurden, daß der Kreis viel größer war, als bislang gesehen werden konnte. So ließ Hitler die Todesurteile aussetzen und ordnete umfassende Untersuchungen an.

Dietrich Bonhoeffer war im Krankenrevier beschäftigt, als er im Radio von dem Umsturzversuch und den ersten Verhaftungen hörte. Während der nächsten Wochen spann die Gestapo das Netz um ihn immer enger. Nach dem Aktenfund plante er im Kontakt mit der Familie und einem Tegeler Wachmann die Flucht. Als sein Bruder Klaus verhaftet wurde, trat er von diesem Unternehmen zurück. Am 8. Oktober wurde er aus Tegel in das Kellergefängnis des Reichssicherheitshauptamtes in der Prinz-Albrecht-Straße überführt und geriet in eine völlig neue Lage bei sehr verschärften Haftbedingungen. Er wird vier Monate hier bleiben. Harte Verhöre sollen seine Beteiligung an den Umsturzplänen klären. Fünf Glieder seiner Familie sind jetzt in Haft.

Das müssen wir wissen, um die folgenden Gedichte einordnen zu können. Sie entstanden alle, nachdem sich die Lage so außerordentlich zugespitzt hatte, nachdem auch die Hoffnung geschwunden war, die Bonhoeffer und seine Freunde so lange Zeit genährt hatten: es möchte durch den Putsch gegen Hitler in letzter Minute der Untergang Deutschlands verhindert werden. Seit dem 20. Juli war Freiheit für Bonhoeffer nicht mehr zu erhoffen, sie war nun ein Gut, das »hier uns zu sehen mißgönnt ist«. Was er sich jetzt sagte in den viermal sechs Hexametern, in denen kein Wort zu viel und keines zu wenig ist, war darum noch nichts Neues für ihn. Er mußte sich nur in Erinnerung rufen, was immer die Mitte von dem gewesen war, was er ethisch zu verwirklichen suchte. Jetzt war die Stunde der Erprobung gekommen, jetzt öffnete sich, so deutlich wie noch nie seit seiner Verhaftung vor eineinhalb Jahren, der andere, der notvolle Weg zur Freiheit, der ihm gewiesen wurde. Sein Entschluß, als Christ dem Unheil nicht nur zuzuschauen, sondern den Versuch zu unternehmen, es mit anderen zu wenden, der Weg der Befreiung durch die Tat, war ihm von seinem Glaubensbegriff, seiner Ethik und seinem Weltverständnis vorgezeichnet. Es war ihm unmöglich, in der Haltung des Nichttäters zu bleiben. Sie ist auch die Haltung des Richtens. Das Christsein bewährt sich in unserem weltlichen Tun in der gottlosen Welt, nicht im Rückzug auf einen heiligen Raum. Der Christ handelt in Freiheit und als Freier. Was das heißt, hat Bonhoeffer in seinem Werk gesagt und mit seiner Existenz erwiesen. Im letzten Sinn aber ist Freiheit ein schwer erlernbares, kostbares Ziel.

Die erste Strophe nennt die menschliche Voraussetzung. Freiheit ist nicht Beliebigkeit. Sich selbst gegenüber ist der Mensch nicht frei. Von der »Zucht des Gehorsams« hat Bonhoeffer gern in einem Buch gesprochen, dem er jetzt in der Gefangenschaft Gefährlichkeit nachsagte (WEN 401), weil es weltflüchtig machen könnte, der »Nachfolge«. Jetzt sprach er, wie wir sahen, lieber von »Haltung«. Das menschliche Vorbild, das in der Menschheit Jesu seine Voraussetzung habe, werde in der Kirche nach dem Zusammenbruch wieder seinen Platz haben müssen, schrieb er in einer neuen Arbeit, die er noch in diesen Wochen skizzierte.

Hier scheint ein Mönch zu reden. Bonhoeffer hat in der Tat zuweilen seine Sehnsucht nach dem Kloster nicht geleugnet und damals, als es ihm noch vergönnt war, eine Gemeinschaft von Brüdern aufzubauen, die gegenseitige Zucht, das Einander-Zurückziehen aus dem ungebundenen Leben gefordert. Die Freiheit des Christenmenschen beginnt damit, daß er ein Knecht aller Dinge wird. Bonhoeffer spricht hier auch von seiner Erfahrung in der Gefangenschaft. Er hat in dieser Situation – wir sprachen schon davon – durch organisierte Disziplinierung seines Lebens Zeit und Kräfte in sich freigemacht, um denkend, schreibend, handelnd vielen viel zu schenken. Jetzt zuletzt sagte er es noch einmal: der Christ will sein Leben nicht billig haben.

Freiheit ist uns erreichbar im Tun und im Leiden. Beides ist vieldeutig, vor allem aber die Tat. Das Kriterium ist die Bindung. Im Leiden sind unsere Hände gebunden, in der Tat unsere Gedanken. Das Verhältnis von Handeln und Denken hatte Bonhoeffer sein Leben lang beschäftigt. Welches Tun schenkt Freiheit? Unser

Gedicht blickt auf die Überlegungen zurück, die Bonhoeffer in seiner »Ethik« anstellte: Die freie Tat ist weder dem Vernünftigen noch dem ethischen Fanatiker, weder dem Tugendhaften noch dem Gewissenhaften, weder dem, der seine Pflichten erfüllt noch dem geschenkt, der da meint, sich frei verantwortlich entscheiden zu können. Freiheit wird nur dann »deinen Geist jauchzend empfangen«, wenn du die Entscheidung über Gut und Böse, über die richtige und falsche Tat, wenn du dich selbst in deinem Tun Gott allein überläßt. Alle echte Gotteserfahrung aber, heißt es auf den letzten Zetteln, die aus seiner Zelle herausgelangten, ist auf Jesus zurückzuführen, auf »Jesus, der nur für andere da ist . . . Glaube ist das Teilnehmen an diesem Sein Jesu aus der Freiheit von sich selbst, aus dem Für-andere-da-Sein bis zum Tod« (WEN 414).
Der Mut zur Tat wird also durch den Glauben ermöglicht, daß Gott allein über sie urteilt. Die Ohnmacht gibt sich im Glauben zufrieden, daß er das Schwache »herrlich vollende«. So einzuwilligen in das Leiden, heißt frei sein. Aber das alles sind Grenzgedanken, immer neu erst zu erringende Gewißheit. Sonst wäre Leiden nicht Leiden. Freiheit ist kein Besitz. Nur einen Augenblick kann der Leidende sie »selig berühren«, um sie dann Gott, von dem sie stammt, wieder anzuvertrauen.
Und doch nennt der Gefangene, selber in dieser Situation, noch eine letzte Stufe. Er sieht den Tag seiner allerletzten Unfreiheit heraufziehen, da sie ihn, den die anderen Gefangenen immer für einen »Gutsherrn« hielten, weil er so heiter und frei aus seiner Zelle treten konnte, wie einen Gegenstand behandeln werden, der zerstört werden muß. Diese allerletzte Unfreiheit, das schlechthin Unvereinbare, der Tod, wird seine höchste Freiheit sein. So lange gesucht, wird er sie an diesem Tage finden.
Uns berührt an diesen Versen ein Ton, der in der Christenheit neu ist. Der Adel einer männlichen Gesinnung verbindet sich mit der Demut des Menschen, der sich ganz ausliefert. Eine mühselig gefundene, so kühne wie schwierige theologische Erkenntnis ist umgesetzt in das Wort einer Einfalt, die jeden berühren muß. Ein ganzes Leben ist eingebracht, auf seine Summe gebracht, das seine Vollendung vor Augen hat. Einer, der »im Sturm des Geschehens« stand, hat das Zentrum des Orkans gefunden, wo Stille herrscht. Eine Rede über den Tod schafft Freude. Der, der fortgeht, bietet Führung an. Der Gescheiterte dringt zu Gott vor. Dem, der Freiheit leisten wollte, wird sie geschenkt. Bonhoeffer meinte, hier

werde ein notwendiger Zusammenhang sichtbar. Denn darin entscheidet sich, ob die menschliche Tat eine Sache des Glaubens ist oder nicht: »ob der Mensch sein Leiden als eine Fortsetzung seiner Tat, als eine Vollendung der Freiheit versteht oder nicht« (WEN 407).

Sprach unser voriges Gedicht von Freiheit, so ist dieses Freiheit. Drückte das vorige in der hochstilisierten Form auf kargem Raum die Gebundenheit des freien Christenmenschen aus, so dieses im freien Vers, der reichlichen Strophe, dem heiteren daktylischen Lauf, in den vielen konkreten Bezügen die königliche Freiheit des Gebundenen. Hier ist Schöpfung und kein Fall. Hier scheint nirgends der Theologe zu sprechen. Hier ist die Welt angenommen, auf die der Leidende verzichten lernt. Hier ist einer von der Gnade beschenkt, die sich auch dem christlichen Menschen, obwohl er doch von ihr weiß, in seiner Geschichte so selten eröffnet hat: mit dem Ernst seiner Sache auch den »spielenden, wagenden und vertrauenden« Geist zu empfangen. Das eben, sagt der Dichter von diesem Thema, der Freundschaft, ist Freiheit, die Frucht und die Blüte. Aber er selbst wird in ihr zum Thema.
Wir haben einen Bonhoeffer vor uns, dem 18 Monate Gefangenschaft, der tägliche Zwang, die endlosen Verhöre, die Beschimpfungen der Wärter, die neu gewonnene Gewißheit, daß sich das Tor für ihn nicht mehr öffnen wird, den Zauber seiner Menschlichkeit nicht nehmen konnten. Er war, was uns auch die Gedichte zeigen, mit vielen Begabungen gesegnet. In jungen Jahren schwankte er, ob sein Leben nicht der Musik gehören solle, und immer blieb er ein guter Klavierspieler. Zahllos sind die Zeugnisse, die vom unbesiegbaren, eigenwilligen Charme seines Umgangs berichten. Er schien nur Freunde zu haben, und was in diesem Gedicht gesagt ist und dem einen Freund Eberhard Bethge, der nun auch zur Familie gehörte, seit er Dietrichs Nichte geheiratet hatte, zum Geburtstag geschrieben war und diesem also – was die beiden letzten stilistisch abgesetzten, fürsorgenden Strophen noch eindringlicher machen – zutiefst persönlich galt, geriet doch zugleich zu einem Vermächtnis Bonhoeffers, des Freundes, an alle Freunde über Sinn und Würde und Schönheit von Freundschaft, dieser »Kornblume im Ährenfeld« der guten Gaben Gottes. Ihr Wesen ist, daß sie in Freiheit wächst, schutzlos und »in heiterer Zuversicht«.
Über den Zusammenhang von Freundschaft und Freiheit hatte Bonhoeffer schon zu Beginn des Jahres in einem Brief an Renate und Eberhard Bethge gesprochen. In den Schöpfungsordnungen

der traditionellen Dogmatik – Bonhoeffer sprach lieber von den vier Mandaten Gottes für die Welt – kommt die Freundschaft nicht vor. Aus dem Mandat der Arbeit entsteht Kameradschaft, aus der Ehe eine ihr eigentümliche Partnerschaft, und auch im Mandat von Staat und Obrigkeit ist Freundschaft ein Fremdkörper. Die Kirche hat Bruder- und Schwesternschaft entwickelt und gleichfalls der Freundschaft bislang keine Heimat gegeben. Freundschaft, schrieb Bonhoeffer, gehört in den Spielraum der Freiheit. Ihr Anspruch wie der der Freiheit selbst muß dem Christen erst wieder erschlossen werden.

Indem Bonhoeffer neu den Christen als den sich Gottes Willen frei übergebenden Menschen vom ethisch-gesetzlichen Menschen unterscheiden lernt, fordert er, daß Freundschaft ihren Raum in der Kirche finde (WEN 216). Freundschaft ist nicht »nötig«, sondern Geschenk »aus freiem Gefallen und freiem Verlangen des Geistes«. Sie lebt »neben dem Nötigen«, eben neben den drei ersten Mandaten, »neben der Ehe, der Arbeit, dem Schwert«. Notwendig aber ist die Freiheit; Freundschaft lebt vom Anspruch auf sie, und »ich glaube, daß innerhalb des Bereiches dieser Freiheit die Freundschaft das weitaus seltenste ... und kostbarste Gut ist« (ebd.). Schillers Vers »Wem der große Wurf gelungen, eines Freundes Freund zu sein« drückt es genau aus, daß Freundschaft Glück und Leistung, Spiel und Schicksal, Freiheit und Notwendigkeit zugleich ist.

Aber nun ist unser Gedicht im Gegensatz zum vorigen und folgenden kein Gedankengedicht. Es theoretisiert nicht über Freundschaft, sondern beschwört sie in den Erinnerungen an diese eine Freundschaft mit dem Freund und Betreuer des Werks, dem, der anregt und auslöst, begleitet, sammelt und auslegt, dem, der auch bald wie er verhaftet wird. Das Abenteuer des Geistes, das Werk in seinem mühseligen Wachstum hat nach diesem Freund gerufen; an einer Stelle will der Mensch vertrauen, sich ganz öffnen, neidlose Anerkennung und strenge Kritik erhalten, »den Rat, den guten, den ersten, der frei macht«, das ist der Gedankengang dieser Strophen. Ihn könnte man mit langen Berichten aus der Geschichte dieser Freundschaft Wort für Wort unterlegen, und der noch unter uns lebende Freund wird es vielleicht eines Tages noch tun, dann, wenn der Abstand der Zeit den Eingriff erlaubt, und dann schon, wenn der Duft der »Kornblume« noch nicht verweht ist.

Und noch ein Drittes ist mitzulesen in diesen Versen. Es fügt sich der Geist dieser Freundschaft und dessen, was Bonhoeffer überhaupt unter Freundschaft verstand, mit dem elitären Zug zusammen, den wir schon an anderen dieser Gedichte beobachteten. Die Geschichte der historischen Familie Bonhoeffer und die der erdachten im Dramen- und im Romanfragment Bonhoeffers bilden Hintergrund und Voraussetzung. Vom Spiel der Freundschaft reden heißt hier nicht der Verspieltheit das Wort reden. Grundlage ist die gemeinsame Freude am Erkenntnisgewinn, den gemeinsames Leben beschert, und das wachsende Bewußtsein, sich für den anderen geistig und menschlich, tätig und duldend einzubringen. »Es gibt aber kaum ein beglückenderes Gefühl, als zu spüren, daß man für andere Menschen etwas sein kann. Dabei kommt es gar nicht auf die Zahl, sondern auf die Intensität an. Schließlich sind eben die menschlichen Beziehungen doch einfach das Wichtigste im Leben; daran kann auch der moderne ›Leistungsmensch‹ nichts ändern, aber auch nicht die Halbgötter oder die Irrsinnigen, die von menschlichen Beziehungen nichts wissen. Gott läßt sich von uns im Menschlichen dienen. Alles andere ist der Hybris sehr nahe . . . Das bedeutet gewiß keine Geringschätzung der Welt der Dinge und der sachlichen Leistung. Aber was ist mir das schönste Buch oder Bild oder Haus oder Gut gegenüber meiner Frau, meinen Eltern, meinem Freund? So kann allerdings nur sprechen, wer wirklich in seinem Leben Menschen gefunden hat. Für viele Heutige ist der Mensch doch auch nur ein Teil der Welt der Dinge. Das liegt daran, daß ihnen das Erlebnis des Menschlichen einfach abgeht. Wir müssen sehr froh sein, daß uns in unserem Leben dieses Erlebnis reichlich geschenkt worden ist« (WEN 419f).

Das Erlebnis des Menschlichen wird aber nur haben, wer selbst Mensch ist, den Freund nur gewinnen, wer Freund sein kann. Dies eben ist es, was unzählige Zeitgenossen von Dietrich Bonhoeffer berichtet haben. Bonhoeffer war ein hochbegabter Theologe. Noch diese unsere Generation wird mit seinen Vorstößen nicht fertig. Aber das Geheimnis seiner Arbeit war es, daß er niemals Fragen aufgriff, die ihm nur theoretische Fragen waren. In allem, im Lernen und Studieren, in Freiheit und Gefangenschaft war er der Mensch, der sich Menschen zuwandte. Er konnte und wollte genießen, aber wünschte keinen Genuß, der ihn nicht mit dem Mitmenschen zusammengeführt hätte. Eine »professorale« Existenz hielt er für unerlaubt. Bis zuletzt verbreitete er die Luft von Freiheit um sich. Ein anderer Freund hat ihn so beschrieben: »Er machte eine stattliche, aber nicht elegante Figur; er hatte eine hohe, aber nicht besonders klangvolle Stimme; er formulierte etwas mühsam, keineswegs glänzend. Vielleicht war es das, daß man in ihm einem ganz einheitlichen, ja, im Sinne des Evangeliums ›einfältigen‹ Menschen begegnete. Ich habe nie etwas Minderwertiges, Zuchtloses, Gemeines an ihm entdeckt. Er konnte locker sein, aber ließ sich nie gehen. Er hat es verabscheut, Menschen an sich zu binden; vielleicht zog es gerade darum viele zu ihm hin« (Albrecht Schönherr in: Begegnungen, 98f).

In einem Brief, der uns nicht erhalten ist, aber von Eberhard Bethge zitiert wird, lesen wir von der Befürchtung Bonhoeffers, das Thema »Tod des Mose« würde ihm zu »explosiv« geraten sein, wenn er es nicht in Verse gefaßt hätte. Die Korrespondenz jener Tage wurde verbrannt, Bethges Verhaftung stand bevor.

Im letzten Kapitel des Pentateuch, den die Juden die Thora, das Gesetz nennen, wird der Tod des Mose erzählt. Er hatte sein Volk aus der ägyptischen Gefangenschaft in die Wüste geführt und es in Geduld und Treue und Liebe geleitet, ihm den Willen Gottes in seinem Gesetz und Bundesbuch übermittelt, ihm das Heiligtum der Stiftshütte und den Gottesdienst mit seinem Opfer geschaffen. Er war als Mittler zwischen das abtrünnige Volk und Gott getreten und hatte es schließlich bis an das verheißene Land geführt. Er steht auf dem Berg Nebo über dem Jordantal und blickt hinein in das verheißene und gelobte Land der Flüsse und Palmen Kanaans. »Und der Herr sprach zu ihm: Dies ist das Land, von dem ich Abraham, Isaak und Jakob geschworen habe: ich will es deinen Nachkommen geben. Du hast es mit deinen Augen gesehen, aber du sollst nicht hinübergehen. So starb Mose, der Knecht des Herrn.« Andere werden sein Werk ausführen, und sein Grab wird unbekannt bleiben.

Dietrich Bonhoeffer war es immer verdächtig, wenn einer zu schnell vom Alten Testament zum Neuen übergeht. Das Alte Testament war ihm nahe, weil es die Erlösung nicht ins Jenseits, hinter die Todesgrenze legt, sondern geschichtlich versteht. Als er seinen eigenen Weg in diesem Gedicht im Symbol des Mose erkannte, war er gewiß, daß seine leidende Generation nicht auf einen Himmel vertröstet werden durfte. Das neue Land ist nicht ein Land jenseits der Zeiten, sondern jenseits dieses vor unseren Augen liegenden Jordanflusses. Der Jordan hieß heute: das Ende dieses Krieges, das Ende des »Bösewichts«, das Ende des Reiches der Lüge, des Todes, der Gefängnisse.

Wir können uns nicht verhehlen, daß dieses Gedicht mißglückt ist. Die Gründe sind uns unbekannt. Bonhoeffer hatte die Mittel nicht, es auszuführen. Er geriet in den Zwang der harten, männlich gereimten fünffüßigen Trochäen. Das Gedicht hat seinen Takt,

aber weder Rhythmus noch Sprachmelodie. Es bringt nichts in uns zum Schwingen, sondern streckenweise nur triviale Richtigkeiten zutage. War Bonhoeffer der Monotonie seiner Haft erlegen? Waren seine geistigen Kräfte erlahmt? Alles ist verständlich, Beckmesserei fehl am Platze. Er würde es nie veröffentlicht haben, und es ist auch in dem großartigen Bande seiner Hinterlassenschaften aus der Haftzeit als einziges seiner Gedichte nicht abgedruckt. Wir finden es vollständig im vierten Band seiner Gesammelten Schriften; hier nur mit den letzten der insgesamt 90 Verspaare.
Doch fühlen wir uns verpflichtet, der Aussage dieses Poems nachzugehen. Mit dieser Aussage ist es wichtig als ein Abschiedswort. Der alte Mose, hundertundzwanzig Jahre alt, sagt die Schrift, und der blühende achtunddreißigjährige Bonhoeffer – diese Gleichung fällt uns schwer. Hat sich Bonhoeffer alt gefühlt? Zugleich mit diesem Gedicht schickte er in jenem September 1944 an den Freund eine Erörterung über den Begriff der Zukunft (WEN 433). Er wünschte, daß wir den Mut haben, konkret von ihr zu sprechen. Aber sein Bild ist auch nur das einer Utopie. Und hätte er es überlebt, so würde er sich keineswegs in einem »Garten«, in Gottes Reich von Gnade, Recht, Wahrheit, Frieden, Ruhe und Glauben wiedergefunden haben. Niemand wird je ermessen, was es für uns an Segen erbracht hätte, wenn Dietrich Bonhoeffer das gelobte Land des Friedens für Europa hätte betreten dürfen.
Das Gedicht zeichnet den Weg des greisen Mose nach. »Seine Augen waren nicht schwach geworden«, heißt es in der Bibel, »und seine Kraft war nicht verfallen.« Er zeiht sich seiner Treulosigkeit und rühmt Gottes Treue gegen sein Volk, er dankt Gott, daß er ihm den stolzen, freien Tod auf dem Berge schenkt, und rühmt das gelobte Land zu seinen Füßen, »Gottes Weinberg, frisch vom Tau befeuchtet«. Er versteht seinen Tod als Strafe für die Untreue seines Volkes. Es ist das Thema der Stellvertretung. Bonhoeffer hatte geschrieben: »Wir sind gewiß nicht Christus und nicht berufen, durch eigene Tat und eigenes Leiden die Welt zu erlösen, wir sollen uns nicht Unmögliches aufbürden und uns damit quälen, daß wir es nicht tragen können, wir sind nicht Herren, sondern Werkzeuge in der Hand des Herrn der Geschichte, wir können das Leiden anderer Menschen nur in ganz begrenztem Maße wirklich mitleiden« (WEN 23).

Im Angesicht der Wende aller Dinge, die sein Volk befreien würde, die er aber nicht miterleben wird, schließt sich der Dichter mit ihm zusammen:

»Daß ich seine Schmach und Lasten trug
und sein Heil geschaut – das ist genug.«

Das, was ein Christ leisten kann, hat er geleistet: »Wir sind nicht Christus, aber wenn wir Christen sein wollen, so bedeutet das, daß wir an der Weite des Herzens Christi teilbekommen sollen in verantwortlicher Tat, die in Freiheit die Stunde ergreift und sich der Gefahr stellt und in echtem Mitleiden, das nicht aus der Angst, sondern aus der befreienden und erlösenden Liebe Christi zu allen Leidenden quillt« (ebd.).

Die Verantwortung für alle, das Leiden mit allen, die Zukunftshoffnung für alle, der Tod für sich allein, einsam, zurückgehalten von Gott im Anblick und Ausblick des Neuen, aber in der Not der alten Welt, am Abhang der Wüste, das ist sein Los. In Mose sieht Bonhoeffer den Christus und zugleich die Möglichkeit, den eigenen Weg zu verstehen. Die »Todesschleier« sind ringsumher ausgebreitet, aber die Freiheit steht vor der Tür. Gottes Zorn hat zugeschlagen, aber seine Gnade rettet. Dem Glaubenden wandelt sich Bitterkeit in Süße. Der Tod hat seinen Sinn als Befreier. Er wird das neue Land nicht schauen, aber er darf es wissen. Wer gearbeitet hat, erhält keinen Lohn als den, daß andere sein Werk vollenden.

Es mag die Stunde seines Zweifels gewesen sein, die Bonhoeffer lehrte, sich an diese Gestalt des Mose zu klammern. Diese Stunden waren selten bei ihm. Wir finden in seinen Briefen nach dem 20. Juli 1944 keine Änderung des Tones und der Stimmung. Noch im Gefängnis der Staatspolizei kennt er keine Klage, teilt er sich heiter, sachlich und besorgt um seine Freunde, seine Verwandten, das deutsche Volk, niemals besorgt um sich selber mit. Jetzt wäre das Datum herbeigekommen, das er einmal nannte: »Was würde ich tun, wenn ich wüßte, in vier bis sechs Monaten wäre es zu Ende?«, hatte er vor vier Jahren geschrieben. Seine Antwort lautete damals: »Ich glaube, ich würde noch versuchen, Theologie zu unterrichten wie einst und oft zu predigen« (GS IV, 7). Er versuchte es. Er entwarf ein neues Buch. Er predigte den Mose auf dem Berg Nebo. Und er faßte diese Botschaft in Verse. Sonst wäre sie zu »explosiv« geraten, hatten wir schon zitiert.

Meinte er die verborgene politische Predigt in diesem Thema? Daß die Wüstenwanderung für das Volk nun beendet sei, die Zeit der Gottesfeindschaft, des Aufruhrs, des Abfalls, des Unglaubens? Meinte er die Kühnheit seiner Vision, daß der Gerechte wie Mose, ja, wie Christus, den Tod für sein Volk auf sich nehmen kann als Strafe und Sühne? Wollte er uns ein letztes Mal verkündigen, daß Gott wider alle unsere Erwartung treu ist bis in das Ende hinein, in den Keller der Polizei, der zum letzten Berg der Wüste wird?

»Halte, fasse mich, mir sinkt der Stab,
treuer Gott, bereite mir mein Grab.«

Dieses Gedicht, das letzte aus der Tegeler Haftanstalt, spricht eine vierfache Sprache. Es spricht für sich als eine Meisterleistung sprachlicher Vergegenwärtigung, Verdichtung und Deutung. Es legt mit unbeschreiblich konzentriertem Ernst die biblische Erzählung aus und rührt damit zugleich die Geschichte der umfangreichen exegetischen Bemühungen der Wissenschaft und des Umgangs der jüdischen und der christlichen Gemeinde mit dem Jona-Text an. Es verkündigt drittens die Botschaft des Propheten als das Wort für die Kirche heute in ihrer europäischen Stunde an der Zeitenwende. Und schließlich gibt hier Dietrich Bonhoeffer Zeugnis von sich selbst wie in allen vorangehenden Gedichten, jetzt aber, wahrscheinlich am 5. oder 6. Oktober 1944, mit einem nochmals gesteigertem Ernst seine Lage, seinen Weg bis hierher und fortan bedenkend. Es ist unmöglich, alle diese vier Schichten abzuteufen. Wir müssen den Leser bitten, sich mit unseren Andeutungen zufrieden zu geben. Jede große Dichtung ist in einem letzten Sinn unausdeutbar. Unsere Aufgabe kann nur sein, einige der Verschlüsselungen aufzulösen, unter denen der Tiefsinn dieser Verse für den Leser verborgen liegt.

In der Jona-Geschichte, die so fremdartig unter die Bücher der sogenannten Kleinen Propheten des Alten Bundes eingereiht ist, bricht die universalistische, ökumenische Dimension des Judentums auf. Hier ist das Vorurteil widerlegt, Israel wolle seine Erwählung für sich allein haben. Es ist die Geschichte des Menschen, der nicht will, daß Gott allen das Heil schenkt, die Geschichte des Pharisäers, der es Jesus zum Vorwurf macht, daß er die Betrüger und die Huren sucht, die Geschichte der Kirche, die auf sich selber blickt, anstatt für die gottlose Welt in der gottlosen Welt das Zeugnis der Liebe Gottes zu erbringen. Bonhoeffer hat sich im ersten Kapitel dieser kostbaren Legende wiedergefunden: der Prophet hat den Befehl Gottes erhalten, der sündigen Stadt Ninive, wo die Menschen »den Unterschied nicht wissen, was rechts und was links ist«, Buße zu predigen. Aber Jona widersetzte sich und flüchtete von Gottes Stimme fort, vom Taborberge, an dem er wohnte, bis nach Jaffa ans Meer. Dort fand er ein Schiff, das nach Spanien ging, geradewegs immer weiter fort von Ninive in Assy-

rien, wohin er doch befohlen war. Aber nun erlebt er, daß es vergeblich ist, vor Gott zu fliehen.
Bonhoeffer nimmt nur diesen einen Teil der Geschichte auf. Anfang und Fortgang setzt er voraus. Jona erlebt den Sturm als Gottes Wort an ihn. Wieder will er sich widersetzen. Er geht in die Kajüte und schläft. Ist Gott nicht allmächtig? Er wird auch das wilde Meer besänftigen. Er hat es ja geschaffen. Es wird alles gut werden. Aber die Schiffer weisen ihn zurecht. Wie konnte er vor einem solchen Gott fliehen? In ihrer Todesangst fragen sie, was geschehen soll. Jona bietet sich an. Durch ein Opfer wird nach alter magischer Anschauung die Naturgewalt besänftigt. Daß Jona gerettet wird und nach neuem Widerstreben endlich seinen Auftrag in Ninive erfolgreich ausführt, ist nicht mehr Thema des Gedichts.
Vermutlich am gleichen Tage, an dem Bonhoeffer diese Verse dichtete, hat er den Fluchtplan aufgegeben, der so sorgfältig vorbereitet war. Entgegen früheren Erwartungen hätte die Flucht die Eltern und die gleichfalls gegen das Regime engagierten Geschwister und ihre Angehörigen und Freunde Bonhoeffers aufs äußerste gefährdet. Jetzt kam hinzu, daß der Bruder Klaus wegen seiner Zusammenarbeit mit den Verschwörern gegen Hitler verhaftet worden war. Bonhoeffer verzichtete deshalb auf seine Rettung. Es war nicht vermessen, daß er sich im Bilde des Jona sah, der sein Leben für anderes Leben anbot. Er ist der Jona unter den Gottlosen, die sich doch als gottesfürchtiger erweisen als er, der Fromme, der darauf gestoßen werden muß, daß Gottes Liebe viel weiter reicht als bis zu den Grenzen der Gemeinde. Und wiederum geht es wie schon im Mose-Gedicht um den Gedanken der Stellvertretung. Der Schrecken des Meeres, die »erzürnten Götter«, die »entfesselten Gewalten« dieser Zeit rufen nach dem Schuldigen. Jona erkennt, daß es sein Versagen, sein Ungehorsam war, der Gott dahin brachte, dieses Unheil zuzulassen. Er gesteht. Er nimmt die Schuld auf sich. Er bietet den Tod an. Und sie stoßen ihn in das Verderben.
»Wir haben nicht treu genug geliebt«, wird erst ein Jahr später die Stuttgarter Schulderklärung der Kirche sagen. Bonhoeffer hat es, verschlüsselt, wie es in dieser Stunde nicht anders möglich war, schon jetzt gesagt, obwohl er doch seine tätige Liebe mit langer Gefangenschaft bezahlt hatte und mit dem Tod bezahlen würde.
So muß dieses Gedicht auch als ein Wort an die Kirche gelesen werden. Das war es, was er ihr in jenen Jahren immer vorwarf, daß ihr Horizont zu eng sei, und darum mußte er das Zeichen setzen,

dorthin hinauszugehen, wo der Sturm wütet, darum mußte er den Einsatz wagen, das Angebot ausschlagen, im Augenblick der Gefahr in Amerika zu bleiben, wo man ihn gern behalten hätte, darum mußte er sich, vor allem durch seine gefahrvollen Reisen an den Vorbereitungen zum Putsch gegen Hitler beteiligen: er verlangte, daß der Christ draußen steht, wo sie »schreien vor dem Tod«. Auch wo sie protestierte, hat die Kirche seiner Zeit vor allem an sich selbst gedacht, an ihre gefangenen Pfarrer, aber viel zu wenig an die Juden und politischen Gefangenen.

Dieser Zusammenhang wird offensichtlich, wenn wir daran denken, daß die Christenheit seit alters den ersten Teil der Jona-Geschichte als eine Voraus-Abbildung der Taufe gelesen hat. Die Taufe taucht den Menschen wie Jona in das Wasser des Todes, auf daß er wieder hervorgehoben werde zum Leben, wie Jona wunderbarerweise den Tod nicht erlitt, sondern vom »großen Fisch« fortgetragen und aufs Land gesetzt wurde. Vor einem halben Jahr, im Mai, hatte Bonhoeffer seinem Freund und seiner Nichte Renate zur Taufe ihres ersten Kindes die Predigt, da er sie nicht halten konnte, aus dem Gefängnis geschickt. Sie ist ihm zu einem großen Rückblick auf die gemeinsamen Vorfahren und zu einer engagierten Vorausschau geraten, beides auf dem Boden eines distanziert-engagierten Urteils über die Gegenwart. In diesem Zusammenhang hat er prophetisch-herbe Worte über die Kirche gefunden wie sonst nie: Ist sie nicht noch, um im Bilde zu bleiben, der in der Kajüte schlafende Jona?

»Unsere Kirche, die in diesen Jahren nur um ihre Selbsterhaltung gekämpft hat, als wäre sie ein Selbstzweck, ist unfähig, Träger des versöhnenden und erlösenden Wortes für die Menschen und für die Welt zu sein. Darum müssen die früheren Worte kraftlos werden und verstummen, und unser Christsein wird heute nur in zweierlei bestehen: im Beten und im Tun des Gerechten unter den Menschen. Alles Denken, Reden und Organisieren in den Dingen des Christentums muß neugeboren werden aus diesem Beten und aus diesem Tun« (WEN 328).

Bonhoeffers Thema ist nicht, daß Jona gerettet wird, sondern daß er rettet. Das Wunder kann geschehen, weil Jona bekennt, daß Gott Grund hat zum Zorn. Unter denen, die »vor dem Tode schreien« und »deren Leiber sich ankrallen« an die letzten Strohhalme – Szenen, die Bonhoeffer Tag um Tag vor Augen hatte –, steht er als der, auf den die Geschichte sich bezieht und der sie darum deuten kann. Einen Schuldigen muß es doch geben, fragt man »unter den Menschen«. Es ist der, der Gottes Willen kennt. Niemand kann es voraussagen, ob das Meer wirklich »stehn« wird, wenn der Mensch den neuen Weg der ungeschützten Auslieferung wagt. Das Nächste nicht wissen, gehört zum Wesen des Wagnisses. Aber es muß geschehen. Weil Gott nicht in Tabor bleiben, sondern nach Ninive will, mußte Bonhoeffer den Sturz ins Meer wagen zusammen mit den frommen Weltkindern, den Konservativen und Sozialisten, die man damals die Clique der Verschwörer, Verbrecher und Verräter nannte.

Die Verse, mit denen unsere Sammlung schließt und Dietrich Bonhoeffer beschloß, was er je zu sagen hatte, zur letzten Jahreswende, die er noch erlebte, sind längst in die Lesebücher unserer Schulen eingegangen, sie sind oft vertont worden, sie sind jedem wachen evangelischen Christen dieser Generation gegenwärtig. Ihr Rang ist unbestreitbar: so schlicht wie tiefsinnig, von äußersten Erschütterungen diktiert und doch in der Kraft einer männlichen Hoffnung ruhig fortschreitend bekennen diese sieben Strophen Dankbarkeit, Verzichtbereitschaft, getroste Leidensannahme und neuen Vorsatz. Es ist die ganz unpathetische Glaubensgewißheit, auch in diesen »bösen Tagen« geborgen zu sein, ja, gerade jetzt dieser Tatsache sicher zu werden wie nie zuvor, die uns dieses Gedicht zu den kostbarsten Schätzen geistlicher Erfahrung und wichtigsten Gebetstexten der Christenheit stellen läßt. Das Licht in der Finsternis, der Ruf aus der Tiefe, das Heil der aufgescheuchten Seelen, der hohe Lobgesang, durch die Zeiten herüberklingend, der Dank für den Leidenskelch, all dieses Dennoch und Ja im Nein unserer irdischen Existenz stellt sich dar als die einfältig-großartige Symbolwelt des Glaubens, die die hochgelehrte, buchstäblich bis in die letzten Wochen das Gespräch zwischen Kopf und Herz nicht abbrechende, so kühn voranschreitende theologische Bemühung dieses Mannes immer begleitete. Zuletzt – das ist das Siegel aller Größe – wird es ganz einfach. Daran ist geistiger Rang zu ermessen, daß er zu so eindringlich aussagbaren Konsequenzen führt.

Wer sind die guten Mächte, die in der ersten und letzten Strophe genannt werden, aber die Voraussetzung für alles bilden, was dazwischen gesagt wird? Jedermann kann das Wort verstehen, wie jedermann alle Worte dieses Gedichtes versteht. Am Anfang seiner Bahn als Christ und Denker hätte Bonhoeffer »Gott« gesagt. Jetzt möchte er diesem Wort einen Inhalt geben. Die abstrakten Begriffe taugen dazu nicht. So viel hat er erfahren im Umgang mit ihm. Wenn er sich seiner Güte erinnert, so mag er von diesen Erfahrungen nicht fortlaufen.

Lauter irdische Dinge fallen ihm ein, wenn er von den guten Mächten, von der Güte Gottes sprechen soll, die ihn umgibt auf Schritt und Tritt noch im Keller in der Prinz-Albrecht-Straße,

Dezember, Januar bei den bösen Verhören, am 4. Februar, dem letzten Geburtstag, endgültige Trennung, Ende aller Außenkontakte, Berlin in Trümmern, der Abtransport am 7. Februar, noch in Buchenwald, fast zwei Monate noch, noch auf der Irrfahrt der Wachmannschaften ins Donautal, wo schon die Freiheit winkte, noch dann beim jähen Abbruch, Standgericht, Liquidierung im Morgengrauen des 9. April 1945, der Lagerarzt hat das Ende geschildert: nie hat er einen Menschen so sterben sehen, nie in fünfzig Jahren. Lauter irdische Dinge sind ihm eingefallen, wenn er von der Güte Gottes sprach. Glücklich, auf dem letzten Transport so viele interessante Gefangene kennenzulernen, führte er endlose Gespräche, lernte er russisch von einem jungen Russen und betete er mit ihnen. Payne Best, ein englischer Häftling, schrieb später von ihm: ». . . er verbreitete um sich her stets eine Atmosphäre des Glücks, der Freude über das kleinste Ereignis im Leben und von tiefer Dankbarkeit dafür, daß er überhaupt lebte. Er war einer jener ganz seltenen Menschen, die ich getroffen habe, denen Gott eine Wirklichkeit ist, die sie ganz nahe umgibt« (B 1029).

In einem der wenigen Briefe an seine Braut Maria von Wedemeyer, die schon veröffentlicht wurden, dem letzten Brief an sie, kurz vor dem letzten Weihnachten geschrieben, beschreibt er die »guten Mächte«. Er sagt es nicht theologisch. Die guten Mächte sind zu benennen mit lauter Daten unseres Lebens, Gott ist hier unter uns: »Du, die Eltern, Ihr alle, die Freunde und meine Studenten an der Front, sie alle sind für mich stets gegenwärtig. Deine Gebete, gute Gedanken, Worte aus der Bibel, längst vergangene Gespräche, Musikstücke und Bücher – das alles gewinnt Leben und Realität wie nie zuvor. Es ist eine große unsichtbare Welt, in der man lebt. An ihrer Realität gibt es keinen Zweifel. Wenn es in dem alten Kirchenlied von den Engeln heißt: zwei, um mich zu decken; zwei, um mich zu wecken – so ist diese Bewahrung durch gute unsichtbare Mächte am Morgen und in der Nacht etwas, das Erwachsene heute genau so brauchen wie die Kinder. Darum sollst du nicht denken, ich wäre unglücklich. Was ist Glück und Unglück? Es hängt so wenig von den Umständen ab. Es hängt eigentlich nur von dem ab, was im Menschen vorgeht. Täglich bin ich dankbar, daß ich dich habe; das macht mich glücklich« (Begegnungen, 219f).

Der Unterschied liegt darin, ob es einer vorher oder nachher sagt. Gewiß, die Verwechslung ist weit verbreitet, daß wir unser Glück, weil wir viel Frommes fühlen, für Gott nehmen und Gott für unser

Glück. Wir tun es leichthin und sagen es, weil heute die Sonne scheint, weil wir weder Gott kennengelernt noch unser Glück so eigentlich zu Herzen genommen haben. Was hatte Bonhoeffer als Theologe nicht alles für und wider den großen Schleiermacher ins Feld geführt, der dieser Verwechslung Vorschub leistete! Das Denken der meisten von uns geht den anderen Gang: zu Beginn leben wir in den Tag hinein und nennen unsere Liebe Gott und Gott lieb, solange er uns nichts vorenthält. Im Alter rücken wir ihn dann an die Grenzen, weil wir sicher gehen wollen, wohin das Ganze ausläuft. Und wenn es dann nicht stimmt, lassen wir ab von der Sache überhaupt und werden zynisch. Bonhoeffer hat es uns anders gezeigt. Je heißer die Hölle wurde, umso gewisser wurde ihm die Macht der guten Mächte und daß sie nicht draußen sind, sondern hier in der Nähe und den gleichen Namen haben wie alles, was ihn je als gute Gabe beglückte.

Er las das in seinem Alten Testament, das er gegen das Neue nicht abgewertet sehen wollte; er las dort, wie ernst die irdischen Dinge gemeint sind und genommen werden müssen. Glück ist das Ziel Gottes für uns. Er vermittelt es durch seinen Segen. Der Mensch kann ihn in Gebrauch nehmen. »Segnen, das heißt, die Hand auf etwas legen und sagen: du gehörst trotz allem Gott. So tun wir es mit der Welt, die uns solches Leiden zufügt. Wir verlassen sie nicht, wir verwerfen, verachten, verdammen sie nicht, sondern wir rufen sie zu Gott, wir geben ihr Hoffnung, wir legen die Hand auf sie und sagen: Gottes Segen komme über dich, er erneuere dich, sei gesegnet, du von Gott geschaffene Welt, die du deinem Schöpfer und Erlöser gehörst« (GS IV, 596). Das irdische Leben ist in der Fülle der Zeiten zu haben. Es lebt nur, wer gar nicht anders kann, als »des Vergangenen gedenken«.

Bonhoeffer war ein dankbarer und darum schon reicher Mensch. Er behielt das Wort der Zeiten im Ohr, »all deiner Kinder hohen Lobgesang«. Er vergaß die Fülle all seiner kurzen Jahre nicht, keine ihrer Gaben. Und das heißt doch wohl, Gott nicht vergessen. Die guten Mächte waren nicht die Adressaten seiner Stoßgebete, sondern das Licht, in dem er atmete.

»Wir haben Gottes Segen empfangen im Glück und im Leiden. Wer aber selbst gesegnet wurde, der kann nicht mehr anders als diesen Segen weitergeben, ja, er muß dort, wo er ist, ein Segen sein. Nur aus dem Unmöglichen kann die Welt erneuert werden; dieses Unmögliche ist der Segen Gottes« (ebd.).

W. H. Auden

FRIDAY'S CHILD

In memory of Dietrich Bonhoeffer, martyred at Flossenbürg, April 9th, 1945

Der Dichter W. H. Auden begegnete dem damals dreiunddreißig Jahre alten Bonhoeffer 1939 während dessen Aufenthalt in Amerika in einem Freundeskreis bei Richard Niebuhr. Sein Gedicht dürfte Teile eines damals geführten theologischen Gespräches und Bonhoeffers Diskussionsthesen in dichterische Sprache kleiden. Ihm erschloß sich Bonhoeffers Wesen im Bilde des »Freitags-Kindes«. Hier handelt es sich um ein Stichwort aus den berühmten englischen Kinderversen, den »Mother Goose Nursery Rhymes«. Sie zählen nach den Wochentagen Eigenschaften der je geborenen Kinder auf. Zum Freitag heißt es: »Freitags-Kind liebt und schenkt . . .« Dieser Satz dürfte in der Tat einen wichtigen Zug in Bonhoeffers Charakter und Wesen deuten. Audens Gedicht selbst ist dunkel änigmatisch, schwer und mehrdeutbar. Wir konnten uns mit keiner der drei bisherigen Übertragungen befreunden und haben eine neue versucht, die etwas näher an das herankommt, was gemeint ist, aber eben darum wörtlich nicht sein kann. Zur Schwierigkeit der Übersetzbarkeit aller Lyrik und der englischen vor allem, tritt Audens Eigenart ironischer Distanz und geschmeidig-brillanter Mißachtung von Grammatik und zutageliegendem Wortsinn. Gewiß hat sich Bonhoeffer nie so trostlos geäußert, wie es Auden entspricht und auch hier zur Geltung kommt. Aber das Gedicht weist uns auf den Widerspruch und die Frage hin, die er für den Gesprächspartner auch oft wohl war. Der Schluß ist prophetisch.

He told us we were free to choose
But, children as we were, we thought –
'Paternal Love will only use
  Force in the last resort

On those too bumptious to repent.' –
Accustomed to religious dread,
It never crossed our minds He meant
  Exactly what He said.

Perhaps He frowns, perhaps He grieves,
But it seems idle to discuss
If anger or compassion leaves
  The bigger bangs to us.

What reverence is rightly paid
To a Divinity so odd
He lets the Adam whom He made
  Perform the Acts of God?

It might be jolly if we felt
Awe at this Universal Man;
(When kings were local, people knelt)
  Some try to, but who can?

The self-observed observing Mind
We meet when we observe at all
Is not alarming or unkind
  But utterly banal.

Though instruments at Its command
Make wish and counterwish come true,
It clearly cannot understand
  What It can clearly do.

Since the analogies are rot
Our senses based belief upon,
We have no means of learning what
  Is really going on,

And must put up with having learned
All proofs or disproofs that we tender
Of His existence are returned
  Unopened to the sender.

Now, did He really break the seal
And rise again? We dare not say;
But conscious unbelievers feel
  Quite sure of Judgment Day.

Meanwhile, a silence on the cross,
As dead as we shall ever be,
Speaks of some total gain or loss,
  And you and I are free

To guess from the insulted face
Just what Appearances He saves
By suffering in a public place
  A death reserved for slaves.

W. H. Auden

FREITAGSKIND

Er lehrte uns, was Freiheit heißt.
Wir aber, wir Kinder, dachten schlicht:
die Vaterliebe Gottes reißt
nur die zuletzt ins Strafgericht,

die sich geweigert, zu bereu'n.
Von unsern frommen Skrupeln geplagt,
fiel es uns niemals ein,
es könnte just so sein, wie er gesagt:

ist Gott ergrimmt, ist er betrübt,
ist müßig unsre Diskussion,
ob, weil er zürnt, ob, weil er liebt,
uns härtre Schläge drohn.

Wie preisen wir genug ihn nur,
der dieses Rätsel sich erdenkt:
uns, Adam, Gottes Kreatur,
in Gottes Rolle drängt?

Es wär absurd, verehrten sie
gar diesen gernegroßen Mann
– vor Königen fiel man aufs Knie –
manch einer will das. Wer's wohl kann?

Den auf sich selbstbezognen Kopf,
Adam, man trifft ihn überall.
Er regt nicht auf, kein schlechter Tropf –
nur ganz und gar banal.

Hat alle Mittel an der Hand,
daß er sich jeden Wunsch erfüllt.
Doch so weit reicht nicht sein Verstand:
was er erreicht, bleibt ihm verhüllt.

Zeichen und Bilder wurden blaß,
die Glauben schenkten alter Zeit.
Wir fragen heute hilflos: was
ist denn die Wirklichkeit?

Wir haben die Lektion gelernt:
Gott, den es gibt, den gibt es nicht.
Der nahe Gott hat sich entfernt,
in unser Dunkel dringt kein Licht.

Ob wirklich er die Ketten riß
und aus dem Grabe kam? Es wär so schön.
Das Weltgericht, die Finsternis,
glaubt, wer an nichts glaubt, unbesehn.

Indessen Schweigen auf dem Kreuz,
tot, wie wir tot sind ewiglich,
total Gewinn, verloren andrerseits:
doch frei bist du, bin ich,

zu sehn ihn so, in Schande scheidend,
welche Gestalt er sich erwirbt,
auf öffentlichem Platze leidend
das Sterben, das der Sklave stirbt.

(Deutsch von Johann Christoph Hampe)

83 Jophannes Sløk, Christentum mit Leidenschaft. Ein Weg-Weiser zur Gedankenwelt Søren Kierkegaards. Übersetzt aus dem Dänischen von Ulrich Panzer, 176 Seiten, kart. ISBN 3-459-01854-2 (Originalausgabe)

84 Albert H. Friedlander, Leo Baeck. Leben und Lehre. Mit einem Nachwort in der Taschenbuchauflage von Albert H. Friedlander und Bertold Klappert, 350 Seiten, kart. ISBN 3-459-01855-0

86 Erhard Eppler, Reden auf die Republik. Deutschlandpolitische Texte 1952–1990. Mit einem einleitenden Beitrag von Joachim Garstecki. Herausgegeben von Wolfgang Brinkel, 176 Seiten, kart. ISBN 3-459-01857-7 (Originalausgabe)

87 Manfred Josuttis und Dietrich Stollberg (Hg.), Ehe-Bruch im Pfarrhaus. Zur Seelsorge in einer alltäglichen Lebenskrise, 248 Seiten, kart. ISBN 3-459-01868-2 (Originalausgabe)

88 Walter Rebell, Zum neuen Leben berufen. Kommunikative Gemeindepraxis im frühen Christentum, 230 Seiten, kart. ISBN 3-459-01869-0 (Originalausgabe)

89 Martin Dibelius, Geschichte der urchristlichen Literatur. Neudruck der Erstausgabe von 1926 unter Berücksichtigung der Änderungen der englischen Übersetzung von 1936. Herausgegeben von Ferdinand Hahn, 190 Seiten, kart. ISBN 3-459-01870-4

90 Walter J. Hollenweger, Erfahrungen der Leibhaftigkeit. Interkulturelle Theologie, 388 Seiten, kart. ISBN 3-459-01871-2

91 Hans Walter Wolff, Anthropologie des Alten Testaments, 368 Seiten, kart. ISBN 3-459-01872-0

92 Carrin Dunne, Buddha und Jesus. Gespräche. Mit einem Vorwort von Michael von Brück. Aus dem amerikanischen Englisch übersetzt von Regina von Brück, 110 Seiten, kart. ISBN 3-459-01873-9 (Originalausgabe)

93 Gustav W. Heinemann, Glaubensfreiheit – Bürgerfreiheit. Reden und Aufsätze. Kirche – Staat – Gesellschaft 1945–1975. Hg. von Diether Koch, 348 Seiten, kart. ISBN 3-459-01874-7

94 Wir sind die Hälfte. Frauen-Erfahrungen. Hg. von Carola Wolf, 178 Seiten, kart. ISBN 3-459-01875-5 (Originalausgabe)

95 Gottes lebendiger Geist. Kirchentag 1991, Themen und Akzente. Ein Vorbereitungsbuch. Herausgegeben von Wolfgang Brinkel und Heike Hilgendiek, 340 Seiten, kart. ISBN 3-459-01876-3 (Originalausgabe)

96 Heinz Flügel, Im Club von Jerusalem, Gespräche um Jesus von Nazareth, 170 Seiten, kart. ISBN 3-459-01879-8 (Originalausgabe)

97 Klaus Wengst, Ostern – Ein wirkliches Gleichnis, eine wahre Geschichte. 110 Seiten, kart. ISBN 3-459-01892-5 (Originalausgabe)

98 Sigrun Koch, Steine auf dem Acker der Vergangenheit. Eine Erzählung um Abraham, Sara und Jizchak. 120 Seiten, kart. ISBN 3-459-01893-3 (Originalausgabe)

99 Elisabeth Moltmann-Wendel/Jürgen Moltmann, Als Frau und Mann von Gott reden. 118 Seiten, kart. ISBN 3-459-01894-1 (Originalausgabe)

100 Dietrich Bonhoeffer, Widerstand und Ergebung. Briefe und Aufzeichnungen aus der Haft. Herausgegeben von Eberhard Bethge. Mit einem Nachwort von Christian Gremmels, 240 Seiten, kart. ISBN 3-459-01877-1

101 Wolfgang Schildmann, Was sind das für Zeichen? Karl Barths Träume im Kontext von Leben und Lehre. 200 Seiten, kart. ISBN 3-459-01895-X (Originalausgabe)

102 Eberhard Jüngel, Zur Freiheit eines Christenmenschen. Eine Erinnerung an Luthers Schrift. 120 Seiten, kart. ISBN 3-459-01896-8

103 Kirchentag '91. Das Nachlesebuch. Herausgegeben im Auftrag des Deutschen Evangelischen Kirchentages von Rüdiger Runge, 256 Seiten mit 16 Seiten Abbildungen, kart. ISBN 3-459-01901-8 (Originalausgabe)

104 Luise und Willy Schottroff, Die kostbare Liebe zum Leben. Biblische Inspirationen, 144 Seiten, kart. ISBN 3-459-01913-1 (Originalausgabe)

105 Milton Schwantes, Das Land kann seine Worte nicht ertragen. Meditationen zu Amos. Aus dem Brasilianischen übersetzt von Ilson Kayser, 180 Seiten, kart. ISBN 3-459-01914-X (Originalausgabe)

106 Theologiegeschichte der Dritten Welt, Afrika. Aus dem Englischen übersetzt von K.-D. Stoll, 324 Seiten, kart. ISBN 3-459-01915-8 (Originalausgabe)

107 Theologiegeschichte der Dritten Welt, Japan. Aus dem Englischen übersetzt von M. Repp, 215 Seiten, kart. ISBN 3-495-01916-6 (Originalausgabe)

109 Jürgen Moltmann (Hg.), Christliche Existenz im Demokratischen Aufbruch Europas. Probleme – Chancen – Orientierungen 160 Seiten, ISBN 3-459-01918-2 (Originalausgabe)

110 Geheilt durch Vertrauen. Bibelarbeiten zu Markus. Herausgegeben im Auftrag des Deutschen Evangelischen Kirchentages von Reiner Degenhardt, ca. 144 Seiten, kart. ISBN 3-459-01920-4